Buch schreiben lernen

Das Bestseller-System für Ihren Erfolg

Wie Sie mit den Strategien der erfolgreichsten Autoren Ihr eigenes Bestseller-Buch schreiben und dieses erfolgreich veröffentlichen

INHALT

1. Prolog

Ein Buch schreiben und veröffentlichen – ein Traum vieler Leseratten. Dies ist allerdings leichter gesagt als getan. Wer sich schon einmal mit dem Thema befasst hat, der kann bestätigen, dass es etliche Unterpunkte zu beachten gibt. Schnell geht einem die Motivation aus oder es kommt zu einer Schreibblockade. Aber damit ist jetzt Schluss! In diesem Buch gelangen Sie an hilfreiche Tipps und Ratschläge und Sie werden von Ihrem nächsten Projekt begeistert sein. Das kann ich Ihnen versichern!

Mann oder Frau, jung oder alt; grundsätzlich kann jeder ein Buch schreiben. Sie lesen und schreiben gerne? Dann vergolden Sie keine weitere wertvolle Zeit. Es gibt keine weiteren Ausreden Ihrerseits. Auch wenn Sie hohe Kosten befürchten oder Selbstzweifel haben – diese Argumente sind schon lange nicht mehr gültig.

Ich nehme Sie an die Hand und führe Sie in die Welt der Autoren. Gemeinsam arbeiten wir uns Schritt für Schritt voran, von der Idee über den Schreibprozess bis hin zu der Veröffentlichung. Kein Detail wird ausgelassen. Wir suchen eine Buchidee, betrachten typische Fehlerquellen während des Schreibens, wenden verschiedene Kreativitätstechniken an und erarbeiten auf diesem Weg Ihr individuelles und einzigartiges Buch.

Weiter werden unterschiedliche Arten der Veröffentlichung präsentiert. Sie haben folgende Möglichkeiten: Auf der einen Seite steht das Self-Publishing, auf der anderen Seite die Veröffentlichung über einen Verlag. Was Sie hierbei zu beachten haben und mit welchen Kosten Sie rechnen müssen, erfahren Sie in dem letzten Drittel des Buches. Da die sozialen Medien heute nicht mehr wegzudenken sind, können Sie auch hier für Ihr Buch werben. Auch dieser Aspekt wird aufgegriffen, damit Sie gezielt für Ihr Werk werben können und das mit Erfolg!

Viel Spaß beim Lesen! 😊

2. Die Bedeutung der Bücher

Die Bücher gehören zu den Zeitdokumenten und sind ein Lebensbegleiter. Doch der Stellenwert der Literatur hat sich in dem gesellschaftlichen Diskurs stark verändert. Dabei ist die Literatur in Deutschland auf keinen Fall schlechter als damals. Nein, stattdessen lesen die Menschen heutzutage einfach deutlich weniger. Für den Menschen ist es quasi eine Herausforderung geworden, ein Buch komplett zu lesen. Sie beschäftigen sich vielmehr mit den Smartphones. Darüber hinaus sind alternative Medien an der Stelle des Buches getreten – so auch das E-Book. Grund dafür ist mitunter auf jeden Fall das digitale Zeitalter, sodass in der Folge weniger gedruckte Bücher auf dem Markt präsentiert werden.

Dabei hat man bei dem Lesen eines Buches eine ganz andere Wahrnehmung der Zeit. Im Gegensatz zu der digitalen Lektüre können Sie sehen, wie weit Sie mit dem Buch gekommen ist. Sie können ausmachen, wo Sie stehen und wann sich das Buch dem Ende neigt. Ein E-Book vermittelt dieses Zeitgefühl nicht. Das Gefühl für die Zeit geht verloren. Hinzu kommt die zunehmende Kurzsichtigkeit (Myopie). Durch den erhöhten Konsum des Smartphones können die Augenärzte eine ausgeprägtere Myopie bei Kindern belegen.

Dennoch steigt die Nutzung des E-Books, sodass die Literatur und das Buch in der Folge bereits gefährdet sind. In Deutschland sind die Buchkäufe deutlich zurückgegangen. Auch bei der weltweiten Auflage von über 200 Millionen Büchern ist eine starke Verlagerung zu den E-Books auszumachen. Die kann u. a. auf die digitale Debatte zurückgeführt werden. Was damals noch auf den Buch- und Zeitschriftensektoren stattfand, wird heute auf das Internet verlegt. Hier kommt es zu einem

Gedankenaustausch sowie zu einer vertieften Auseinandersetzung mit dem Buch. Zudem hat auch gewiss das Genre einen Einfluss auf die Wahl zwischen einem Buch und einem E-Book. Wissenschaftlich geprägte Bücher werden heute gerne digital gelesen, während Sie bei dem einen architektonischen Schwerpunkt vermutlich eher auf ein Buch zurückgreifen würden. Weitere Faktoren, die für ein E-Book sprechen, sind sicherlich die Flexibilität, Ökologie und der Preis. Viele wollen sich aber auch einfach nur der Gesellschaft anpassen und dem Trend folgen.

Im Folgenden werden Ihnen zwei Grafiken vorgeführt. Sie werden sehen, dass der Absatz der E-Books in Deutschland über die Jahre rasant zunimmt. Dennoch bleibt der Kauf von echten und materiellen Büchern im Rennen. Noch hat das E-Book noch einige Leseratten zu überzeugen, ehe es den Markt übernimmt. Außerdem interessant ist, dass die Nutzung der E-Books bei der älteren Generation geringer ist. Gerade die älteren Menschen wissen die Handhabung eines gedruckten Buches zu schätzen und greifen hier gerne drauf zurück. Wie ist es bei Ihnen? Gehören Sie zu den analogen oder zu den digitalen Lesern?

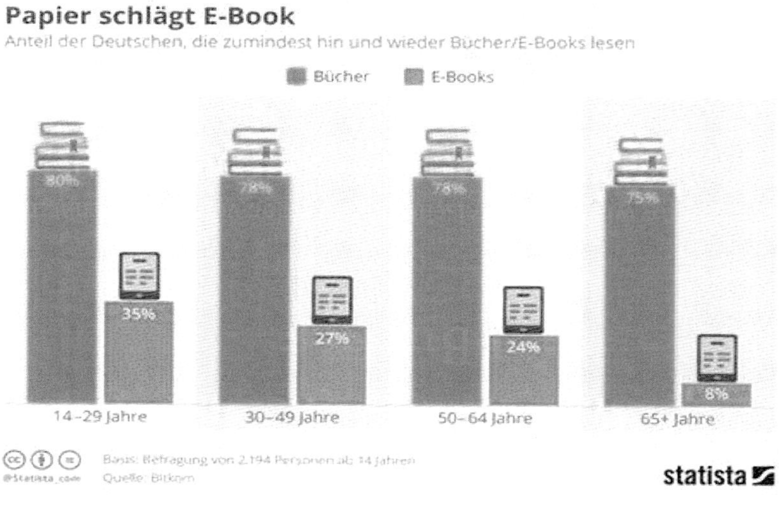

Abbildung 1: Papier schlägt E-Book [8]

Der vorangehenden Grafik „Papier schlägt E-Book. Anteil der Deutschen, die zumindest hin und wieder Bücher / E-Books lesen“ [8] ist zu entnehmen, dass die gedruckten Bücher in jeder Altersklasse beliebter sind mit mindestens 75 Prozent. Die E-Books sind bei der jugendlichen Generation am beliebtesten. Nicht zu sehen ist, dass der Trend nach den E-Books steigt. Dazu dient die nachgelagerte Grafik „Absatz von eBooks in Deutschland“ [9].

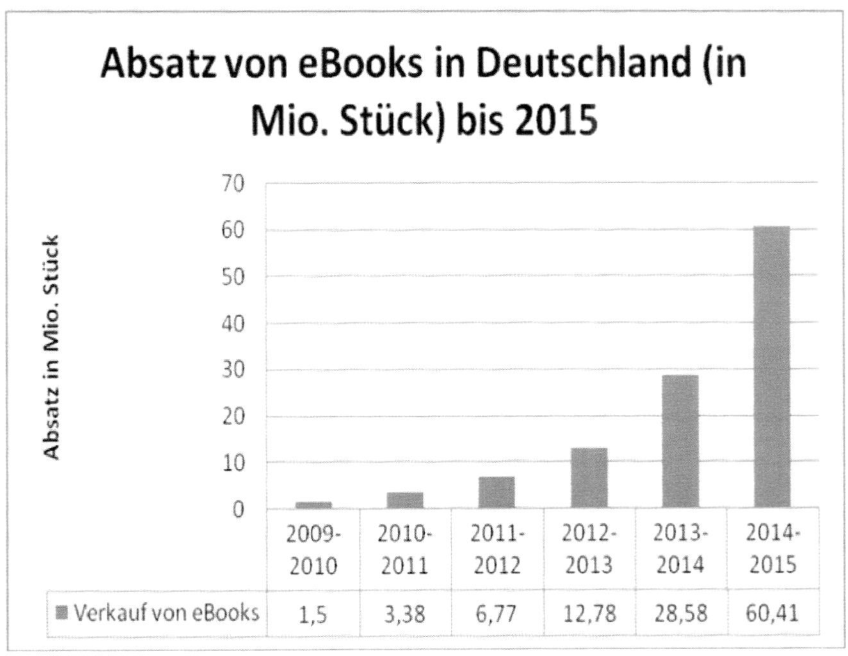

	2009-2010	2010-2011	2011-2012	2012-2013	2013-2014	2014-2015
Verkauf von eBooks	1,5	3,38	6,77	12,78	28,58	60,41

Abbildung 2: Absatz von eBooks in Deutschland [9].

Hier ist deutlich zu erkennen, dass die Menschen im Laufe der Jahre immer häufiger nach den E-Books greifen. Der Trend nimmt exponentiell (sprich überproportional) zu.

Bei der Veröffentlichung Ihres Buches haben Sie die Möglichkeit, Ihr Werk in beiden Varianten auszustrahlen, also als analoge Literatur sowie als digitales E-Book. Von dem technischen Wandel soll der Absatz Ihres Buches nicht beeinträchtigt werden.

3. Verwirklichung des eigenen Buches

In der Tat wird die technische Organisation völlig überschätzt, während das Schreiben an sich stark unterschätzt wird. Eine Bestätigung dieser Aussage kann bei dem Großteil von Autoren eingeholt werden. Die größte Hürde auf dem Weg zu einem eigenen Buch ist dabei vermutlich der kreative, handwerkliche und zeitliche Aspekt. Schließlich handelt es sich bei Ihnen, liebe Leser, um Einstiegsautoren und nicht um Berufsautoren. Folglich werden Sie bereits in Ihrem Alltag mit Ihrem Beruf und Ihrer Familie ausgelastet sein.

Für das Schreiben eines Buches haben Sie sich somit zusätzliche Zeit zu verschaffen. Dies kann in der Tat zu länger anhaltenden Schreibpausen führen. Das wiederum hat als Konsequenz, dass es Ihnen schwerer fallen wird, an dem Buch wieder anzusetzen. Sie müssen sich erst wieder in das Buch finden. Leider führt eine langfristige Schreibpause auch häufig zu der Aufgabe eines Werks. Damit stehen Sie nicht allein da. Auf der ganzen Welt werden Millionen von Büchern auf den Computern oder in den Notizheften vergessen.

Da ich selbst Bücher sehr liebe, bin ich der Meinung, dass jedes angefangene Werk und auch jede Buchidee das Recht hat, geschrieben und veröffentlicht zu werden. Aus diesem Grund ist es wichtig, dass Sie das Buch schreiben, welches Sie selbst auch gerne lesen würden.

Denn das Thema und der Buchinhalt entscheiden später darüber, ob Ihre anfängliche Motivation abnimmt oder sich in dem Laufe des Schreibens verstärkt. Zudem ist es sehr wichtig, dass Sie hinter Ihrem Buch stehen. Niemand profitiert von einem Buch, welches Sie ohne jeglichen

Gefallen schreiben. Sicherlich wissen Sie aus Erfahrung, dass bei dem Lesen schnell auffällt, wenn der Autor mühe- oder lustlos schreibt, auch wenn es sich hierbei womöglich nur um einen kurzen Ausschnitt handelt. Was ich Ihnen damit sagen möchte: Wählen Sie ein Thema, welches Sie begeistert oder welches Sie auswendig kennen. Ihre Begeisterung für Ihr Projekt wird sich später auf die Leser übertragen.

Dabei ist es komplett irrelevant, ob Sie sich für einen fesselnden Krimi, ein Buch für Kinder, einen ausgereiften Ratgeber oder für ein erklärendes Sachbuch entscheiden. An erster Stelle steht immer Ihre Begeisterung und Zufriedenheit.

Wenn Ihnen ein Part zu langweilig erscheint oder eine Erklärung für Sie nicht deutlich genug erscheint, haben Sie unmittelbar zu reagieren. Nehmen Sie sich die Zeit und basteln Sie so lange an Ihrem Projekt, bis Sie mit jedem Kapitel und letzten Endes mit dem gesamten Buch zufrieden sind. Lediglich auf diesem Wege können Sie Ihrer Leserschaft ein absolut geniales Buch bieten.

Die von Ihnen gewählte Thematik ist die Grundlage eines Erfolges. Wenn Sie sich für einen Schwerpunkt entschieden haben und von dem zukünftigen Schreiben Ihres Buches überzeugt sind, dann erst folgt der nächste Schritt. Weiter geht es mit der Planung, ehe dieses Buch den eigentlichen Schreibprozess aufgreift. Haben Sie noch Schwierigkeiten bei der Themenauswahl, stehe ich Ihnen in dem weiteren Verlauf selbstverständlich auch zur Seite. Lassen Sie es uns in den Angriff nehmen und Ihren Traum nach einem eigenen Buch verwirklichen.

4. Der Erfolg des Buches

Der Erfolg des Buches ist von dem eigenen Glauben abhängig. Dies klingt in erster Linie ziemlich banal, ist aber in der Tat die Wahrheit. Dieser Punkt bildet die Grundlage für das Schreiben. Der eigene Zweifel hält viele Menschen davon ab, eine Buchidee in die Tat umzusetzen. Eliminieren Sie jegliche Zweifel aus Ihren Gedanken und beginnen Sie mit dem Schreiben. Scheuen Sie sich nicht und glauben Sie an sich.

Ein Buch zu schreiben, welches im Anschluss auch noch veröffentlicht werden soll, ist ein gigantisches und ein durchaus herausforderndes Projekt. Dieses kann sich über Monate oder auch über Jahre hinziehen, selbst dann, wenn Sie Freude an dem Schreiben haben. Besonders als Einsteiger in die Autorenwelt ist dies der Fall. Aber auch einige erfahrene Schreiber brauchen ihre Zeit. Nutzen Sie hier Ihre Selbstdisziplin und schieben Sie Ihr Werk nicht grundlos auf. Stehen Sie zu Ihrer Entscheidung und ziehen Sie diese durch.

Als Unterstützung können Sie einen Zeitplan entwickeln, um Ihre Motivation zu verfestigen. Hilfreiche Tipps werden in diesem Buch folgen. Zur Ausweitung Ihrer Profession sollten Sie erfolgreiche Bücher aus Ihrem Genre lesen. So können Sie schlussfolgern, welche Leser zu Ihrer Lesegruppe gehören und was die Leser in den Bann zieht. Wichtig ist, dass Sie alle Aussagen und Formeln immer auf den neusten Stand bringen. Dies gilt insbesondere für die Sach- und Gebrauchstexte, z. B. in den Bereichen der Ernährung, Gesundheit, Fitness, Medizin, Selbstheilung und Psychologie.

Das Schreiben eines Buches bedeutet viel Arbeit, die aber auch Spaß macht. Wichtig hierfür ist eine gute Struktur und eine ausgewogene

Kenntnis an grundlegenden Techniken, die Sie in dem weiteren Verlauf auf jeden Fall in Erfahrung bringen werden. Denn das Schreiben ist der schwierigste und zugleich kreativste Teil des Projekts. Aber dieser Part macht zugleich auch am meisten Spaß. Konkretisieren Sie vor dem Schreiben Ihre Ideen und stellen Sie Recherchen an. Und machen Sie sich darüber hinaus Gedanken über den von Ihnen angestrebten Schreibstil, ehe Sie mit dem eigentlichen Schreibprozess beginnen. Und wenn Sie erst einmal ein Werk erfolgreich vollendet haben, werden Sie mit fantastischen Glücksgefühlen konfrontiert.

4.1 VERSCHIEDENE KREATIVITÄTSTECHNIKEN

Am Anfang eines jeden Buches steht die Idee. Manche haben etliche Ideen und erste Probleme tauchen erst bei der Konkretisierung oder Charakterfindung auf. Andere wiederum brauchen eine längere Zeit, in der aktiv nach einer überzeugenden Buchidee gesucht wird. Für beide Parteien gibt es Methoden, Ideen zu finden und zu konkretisieren. Dabei sollen Blockaden abgebaut werden und neue Lösungen gefunden werden. Die Kreativitätstechniken ermutigen Sie als Autor zu einem intensiven und unkonventionellen Denken. Dazu gibt es viele Unterpunkte für die Ideenfindung. Mithilfe von diesen im Anschluss aufgeführten klassischen Kreativitätsmethoden können Sie nun ganz einfach das erste Konzept für Ihr Buch erstellen – finden Sie Ihre Buchidee!

4.1.1 Konkretisierung von Ideen

Für jeden Autor bilden die Kreativität sowie die Inspiration die Grundlage. Die Buchideen lassen sich jedoch nicht auf Knopfdruck abrufen, das wäre auch zu einfach. Für den Fall, dass Ihnen die Ideen ausbleiben, stehen Ihnen die verschiedensten Kreativitätstechniken zur Verfügung. Diese dienen alle unterschiedlichen Zwecken, sodass nicht alle Methoden für Sie als Einzelperson infrage kommen werden und Sie sich

Gedanken darüber machen müssen, welche Variante für Sie am effektivsten und am geeignetsten ist. Im Folgenden werden Ihnen ein paar mögliche Methoden vorgestellt.

-> Die bekannteste ist wohl das Brainstorming bzw. die Mindmap. Dabei lassen Sie Ihren Gedanken freien Lauf und halten alle Ideen zu dem einen Thema schriftlich fest. Auf diese Weise können Sie sich von verschiedenen Inspirationen leiten lassen. Gleichzeitig bekommen Ihre Gedanken die erste grobe Struktur. Wenn Sie die Ideen richtig miteinander verknüpfen, entstehen ganze Ideenbäume. Sie bekommen schnell einen Überblick, an welchen Punkten es noch an Ideen mangelt.

-> Unter die Zufallstechnik fällt z. B. die Lexikontechnik. Dabei schlagen Sie das Lexikon oder Wörterbuch an einer beliebigen Stelle auf. Sie können mit einer geringen Anzahl an Wörtern beginnen, welche Ihnen einen ersten kreativen Anstoß geben sollen. Dabei können Sie einzelne Wortgruppen wie Verben ausschließen. Wenn die gewünschte Inspiration ausbleibt, wiederholen Sie einfach dieses Verfahren. Gleiches können Sie mit einem Warenkatalog machen. Lassen Sie sich von den Bildern und Eindrücken leiten.

-> Mit der semantischen Intuition können einerseits Ideen gefunden und andererseits neue Namen kreiert werden. Dabei notieren Sie sich eine Anzahl von Begriffen, die unmittelbar mit dem Thema oder Genre in Beziehung stehen. Durch die einfache Kombination der Wörter entstehen ungewohnte neue Anreize für Ideen. Auf diesem Weg können auch Namen für Figuren und Orte gebildet werden. Dies dürfte besonders für die Autoren in dem Bereich der Fantasie von Interesse sein. Mit etwas Kombinatorik können Sie aus zwei Orten einen neuen erfinden oder auch mit zwei zusammenhanglosen Begriffen neue Namen entwerfen.

-> An dieser Stelle möchte ich gerne noch auf die Walt-Disney-Methode hinweisen. Bei diesem Verfahren geht es um einen dreifachen Perspektivenwechsel. In dieser Methode werden die Rollen des Träumers, des Realisten und des Kritikers nacheinander eingenommen. Ersteres ist der Visionär, welcher Ideen liefert. Er denkt in großen Dimensionen, ohne sich um die Umsetzung zu kümmern. Der Realist ist der Macher und Pragmatiker. Er ist nur an der Umsetzung interessiert und fokussiert sich auf die einzelnen Arbeitsschritte. Die Vorgaben beider werden durch den Kritiker geprüft. Er fungiert als Fragesteller und kontrolliert die Idee und Planung.

4.1.2 Eine Buchidee finden

Wenn Sie bei der Konkretisierung der Ideen auf kein Ergebnis gekommen sind, sind Sie hier genau richtig. Die dort aufgeführten Quellen zur Inspiration haben alle das Ziel, Ihnen eine Buchidee zu liefern. Es gibt daneben aber auch noch weitere Quellen mit Potential, von denen Sie sich inspirieren lassen können.

-> So machten z. B. viele Autoren für ihr erstes Werk Gebrauch von einem autobiographischen Hintergrund. Diesen Weg können Sie auch wählen. Wenn Sie sich in Ihrem Buch auf Ihre Familiengeschichten beziehen wollen, sollten Sie genügend Material für ein ganzes Buch haben. Jedoch besteht hier immer die Gefahr, dass Sie sich rechtlich angreifbar machen. In einem Einzelfall kann nur ein Anwalt für das Medien- und Urheberrecht beantworten, ob bei der Beschreibung des näheren Familienumfeldes womöglich Persönlichkeitsrechte verletzt werden.

-> Des Weiteren können Sie sich von Serien, Filmen und Büchern inspirieren lassen. Sie können dem Buch von Beginn an eine andere Handlung zuordnen oder ein ganzes Buch über eine kleine Nebenhandlung verfassen. Außerdem könnten Sie die Geschichten in eine andere Zeit versetzen. Wie würde sich das neue Umfeld auf die Handlung setzen? Ihrer Kreativität sind keine Grenzen gesetzt. Allerdings haben Sie die Urheberrechte zu respektieren.

-> Wenn Sie ein Interesse für historische Stoffe aufweisen, können historische Ereignisse und Berichte eine auf Sie zutreffende Buchidee anregen. Eine spezielle Epoche oder eine historische Person können der Ausgangspunkt für Ihr Buch sein. Für ein geeignetes Motiv können Sie sich zu einem Quellenlesesaal begeben. Hier werden Sie Zeitquellen wie Reiseberichte auffinden können. Diese sind geeignet für eine Recherche Ihres Buches.

-> Für eine überzeugende Buchidee können Sie auch Zeitungen und Zeitschriften als Grundlage nehmen. Lassen Sie sich doch von einer wahren, vergangenen Geschichte inspirieren. Sie können sich auch zu diesem Ort hinbegeben, um weiter in die Materie eintauchen zu können. In den Randnotizen können Sie oft skurrile und absurde Geschichten aus dem echten Leben entdecken. Als Autor von Krimis können Sie sich so z. B. von einem Mordfall leiten lassen. Auch hier verdienen die Persönlichkeits- und Urheberrechte Ihre Aufmerksamkeit.

-> Auch Ihre Träume, Albträume und Tagträume liefern authentische Ideen für neue Geschichten. Halten Sie zu jeder Zeit einen Stift und Zettel parat und notieren Sie Ihre Gedanken. Viele Autoren ließen aus dieser Quelle große Werke entstehen.

-> Gerne können Sie auch Ihre Familie oder Personen aus dem Freundeskreis nach Ideen ausfragen. Möglicherweise haben diese eine Idee, welche Sie in die Tat umsetzen können. Sie können auch Geschichten aus Ihrem Job heranziehen, von denen Sie sich haben inspirieren lassen.

-> Zu guter Letzt möchte ich Ihnen die klassischen Themen der Literatur als Inspirationsquelle nahelegen. Immer wieder tauchen gleiche Motive mit einer individuellen Gestaltung auf. Dabei haben die Autoren den

Motiven immer wieder einen eigenen Stempel aufgesetzt. Es gibt also nur selten völlig neue Romanideen. Vielmehr werden die verschiedenen Varianten lediglich immer wieder neu bearbeitet, die der Autor individualisieren muss. Dies geschieht mit der Verwirklichung der Geschichte, mit den Charakteren und mit dem Schreibstil des Autors. Diese Möglichkeit bietet sich auch für Sie an. Für eine erfolgreiche Überzeugung eines Verlaglektors können Sie sich dabei allerdings besser von dem aktuellen Trend abwenden. Prüfen Sie im Voraus, ob Ihr Geistesblitz ein ganzes Buch ausfüllen kann und konzentrieren Sie sich dann mit ganzer Überzeugung auf Ihre Buchidee.

Wenn Sie nun eine Buchidee gefunden haben und diese auf die Umsetzbarkeit geprüft haben, geht es um die Umsetzung. Gerade bei längeren Texten ist es ratsam, nicht direkt mit dem Schreiben des Buches zu beginnen. Wenn Sie bereits im Voraus den Hauptkonflikt sowie die wichtigsten Figuren ausarbeiten, können Sie Widersprüche und Unstimmigkeiten verhindern. Die Zeit, die Sie in die Planung investieren, sparen Sie später bei dem Schreibprozess und bei der Überarbeitung. Dabei gibt es verschiedene Methoden, um ein Buch kurz und sinnvoll zu strukturieren. Zudem zeigt sich bei der Planung, ob Sie mit der Thematik ein ganzes Buch füllen können.

4.2 DIE STRUKTURIERUNG UND ZEITPLANUNG

Klasse! Sie haben eine großartige Idee für Ihr Buch gefunden! Nun sollten Sie jedoch nicht direkt mit dem Schreiben des ersten Kapitels starten. Jedes Buch setzt vor dem Schreibprozess eine gute Struktur und Planung voraus. Andernfalls kann es in dem späteren Handlungsverlauf oder bei den zukünftigen Handlungscharakteren zu Unstimmigkeiten kommen. Zunächst haben Sie gründliche Recherchen zu machen, ehe Sie Ihre Buchidee umsetzen. Um diese mit der Strukturierung und dem anschließenden Verfassen zeitlich unter einen Hut bringen zu können, brauchen Sie ein gutes Zeitmanagement. Teilweise überschneiden sich diese Aspekte auch. Recherchieren können Sie jederzeit, auch während des Schreibens.

Aber vergessen Sie nicht: Desto detaillierter Sie Ihr Buch vor dem Schreibprozess strukturieren, desto weniger Recherchen müssen Sie während des Schreibens anstellen. Zudem haben Sie auf diesem Weg ein System, an welches Sie sich halten können. Und diese Struktur wird sich später auszahlen. Zur Unterstützung haben Sie die Möglichkeit, einen Autorenplaner für Ihr Buch zu erwerben. Es soll dabei helfen, alles im Überblick zu behalten. Sie können hier Ihre Ideen und Notizen festhalten. Zusätzlich enthalten sind Checklisten und Hilfestellungen. Geeignet ist solch ein Buch für alle Genres.

Um kurz zurück auf das Zeitmanagement zu kommen: Definieren Sie dazu einfach Ihre Schreibaufgaben und setzen Sie im Anschluss Ihre Prioritäten. Machen Sie sich Gedanken darüber, wie viel Zeit Sie für welchen Schritt brauchen und stellen Sie Ihre Ziele klar dar. Halten Sie sich an diesen Plan, um in regelmäßigen Abständen an Ihrem Buch zu feilen. Dazu können Sie sich auch einen Terminkalender zur Hilfe nehmen. In die Details geht es später.

4.2.1 Recherchen anstellen

Neben der Recherche gilt es, sich das notwendige Hintergrundwissen anzueignen. Nur so können Sie ein inhaltlich korrektes und glaubwürdiges Werk zustande bringen. Dank des technischen Fortschritts ist es heute einfacher, an Informationen zu gelangen. Darüber hinaus kann eine ausgiebige Recherche auch spannend und spaßig sein. Mit nur einem Klick gelangen Sie an eine unglaubliche Menge an Wissen und das in etlichen Sprachen. Ist das nicht großartig?

Für Ihre Recherche ist es ratsam, einen separaten Ordner anzulegen. Behalten Sie den Überblick, indem Sie die Inhalte sinnvoll strukturieren, z. B. nach Themen oder Orten. Machen Sie Ihr Buch authentisch und real mit Ihrem dazugewonnenen Wissen. Darüber hinaus bietet sich Ihnen die Möglichkeit, Orte zu besuchen und dort das Treiben zu beobachten. Nehmen Sie sich diese Zeit und leben Sie das Leben eines Autors. Greifen Sie bei dem Schreiben nun immer wieder Ihre persönlichen Erfahrungen sowie Erlebnisse auf.

4.2.2 Die Umsetzung der Buchidee mit der Schneeflocken-Methode

Die Schneeflocken-Methode richtet sich speziell an die Autoren und wurde schon oft erfolgreich bei dem Schreiben von Büchern angewandt. Dieses Verfahren basiert jedoch auf konkreten Ideen. Bei einer Buchidee mit festen Grundzügen sollten Sie sich diese Methode auf jeden Fall genauer ansehen. Es hilft Ihnen, eine komplexe Struktur zu entwickeln und die Figuren Ihres Buches genauer kennenzulernen. Die Methode wird dabei in fünf Schritte unterteilt.

-> In dem ersten Schritt fassen Sie Ihr Buch in einem Satz zusammen. Dies klingt nach einer schnell erledigten Aufgabe. In der Tat können Sie sich aber eine Stunde daransetzen, um den Kern Ihrer Geschichte auszumachen. Mit diesem Satz sollen das Ganze und die persönliche Ebene des Inhalts miteinander verbunden werden. Am Ende soll der Satz nicht mehr als 15 Wörter enthalten und wie ein Verkaufsargument für Ihr Buch klingen. Namen der Charaktere sollen nicht enthalten sein. Dieser Satz kann später auch in Ihrem Exposé erscheinen.

-> Der entstandene Satz wird in dem nächsten Schritt zu einem Absatz erweitert. Dieser soll den Aufbau der Geschichte mit den größten Katastrophen und mit dem Buchende als Inhalt haben. Im Idealfall besteht ein solcher Absatz in der Summe aus fünf Sätzen und weist starke

Ähnlichkeiten mit dem Klapptext auf. Auch für diesen Part sollten Sie sich eine Stunde Zeit nehmen. Die entstandenen Sätze können Sie später ebenfalls in dem Exposé ergänzen.

-> Der dritte Schritt richtet sich an den beinhaltenden Charakteren des Buches. Für jeden Charakter sollten Sie sich eine Stunde Zeit nehmen. Sie erstellen für jede Figur jeweils ein Charakterblatt. Das einseitige Blatt enthält den Namen, die Motivation, die Ziele, den Konflikt, die Entwicklung und die Handlung. Die Handlung eines jeden Charakters können Sie in einem Absatz, sprich in fünf Sätzen, darstellen. Sinn dieser Aktion ist eine Hintergrundgeschichte und eine konkrete Handlungsweise in Bezug auf jede einzelne Figur, die das Buch beinhaltet. Diese Übersicht hilft Ihnen später, immer ein direktes Bild des Buches vor Augen zu haben und so Fortschritte zu gewährleisten.

-> Nun geht es um die kritische Prüfung der Buchidee. Hier zeigt sich, ob Ihre Geschichte funktioniert oder nicht. Sollten Sie in diesem vierten Schritt feststellen, dass eine Umsetzung nicht denkbar ist, haben Sie immerhin nicht allzu viel Zeit verloren. Hierzu nehmen Sie Ihren ersten Absatz wieder in die Hand. Machen Sie nun aus jedem Satz einen eigenen Absatz aus insgesamt fünf Sätzen. Am Ende sollte die Handlung des Buches auf einer Seite zusammengefasst sein. Wenn Sie diese Aufgabe erfolgreich meistern, ist eine Umsetzung Ihres Buches möglich.

-> In dem fünften und letzten Schritt stehen die Charaktere wieder in dem Vordergrund. Hier schreiben Sie nun eine einseitige Übersicht für jede Figur über eine Seite. In dieser Übersicht soll die Geschichte des Buches aus der Sicht des jeweiligen Charakters erzählt werden. Nehmen Sie sich hierfür bis zu zwei Tage Zeit. Es kann auch notwendig sein, in früheren Arbeitsschritten verschiedene Anpassungen vorzunehmen.

Diese Schneeflocken-Methode beansprucht viel Zeit, zugleich profitieren Sie von den Vorzügen. Am Ende dieser Durchführung kennen Sie die wichtigsten Charaktere und Sie haben einen guten Überblick über die Konflikte sowie über das Ende des Buches erhalten. Dabei fangen Sie klein an und mit dem Verlauf der Zeit kommt eine komplexe Struktur zustande.

4.2.3 Der Terminkalender

Sie wissen nicht, wie Sie sich organisieren können und stehen auf dem Schlauch, wenn es darum geht, Aufgaben, Termine und sich selbst zu verwalten? Dann sind Sie hier genau richtig. Ein Terminkalender zeigt Ihnen, wann was ansteht. Er wird zu Ihrem Kompass im täglichen Leben. Sie können ihn für Ihren Alltag verwenden und so auch Zeit für das Schreiben einplanen. Dabei gibt es unterschiedliche Varianten, die sich meistens in dem Design, den Einstellungs- und Synchronisationsmöglichkeiten und der Zielgruppe unterscheiden. Zunächst sollten Sie recherchieren, welche Funktionalitäten ein bestimmter Terminkalender erfüllt. Im Anschluss bestimmen Sie, wie Sie diesen einsetzen. Ob er zu Ihnen passt, merken Sie schnell im Alltag. Ich werden Ihnen einige gute Systeme vorstellen und am Ende treffen Sie Ihre Entscheidung.

-> Eine Art des Terminkalenders ist der Google-Kalender. Auf diesen können Sie mit einem Android-Gerät einfach zugreifen. Ihre Tasks und Termine werden verwaltet und der Kalender kann auch durch andere Geräte genutzt werden. Nutzen Sie diesen Kalender, um Ihre Schreibzeiten festzulegen.

-> Für die Aufgabenverwaltung für den PC eignet sich Trello.com als Kanban-Board. Trello ist eine Open-Source-Software zur Einstellung von Taskboards, in der sich verschiedene Projektzustände sinnvoll modellieren lassen. Trello ist sowohl als Anwendung auf dem PC als auch als Applikation (App) für Ihr Smartphone erhältlich und bietet zudem die Möglichkeit, Inhalte direkt über Ihren Google-Kalender in die Trello-App zu schreiben. Sie können durch ein einfaches Häkchen einen Task mit Fälligkeitsdatum erstellen und sind aus diesem Grund immer up to date, wenn es um Ihre Termineinhaltung geht. Besonders sinnvoll ist diese Anwendung, wenn Sie bei dem Schreiben am PC Ihre Termine im Auge behalten müssen.

-> Darüber hinaus gibt es Terminkalender, die Sie zu zweit oder mit mehreren Personen verwalten können. So können Sie mit TimeFree, Looping oder bitrix24 z. B. gemeinsam mit Ihrer Familie die Termine abstimmen, planen und verwalten. Auch über Änderungen können Sie sich informieren lassen. Nutzen Sie diese Plattform, um Ihrer Familie mitzuteilen, wann Sie an Ihrem Buch arbeiten wollen. So laufen Sie nicht Gefahr, dass Sie ständig gestört werden. Ihre Familie kann die Zeiten Ihres Schreibprozesses einsehen und Sie haben zu dieser Zeit Ihre Ruhe und können sich voll und ganz auf das Verwirklichen Ihres eigenen Buches konzentrieren.

Hier sind die Designs und Einschränkungen immer festgelegt. Den einzigen Terminkalender, den Sie selbst eigenständig in der Hand halten, ist ein schriftlicher. Aber dieser sendet bekanntlich keine Push-ups.

4.3 IHR EIGENER SCHREIBSTIL

Nun geht es an den Schreibstil. Diese Begrifflichkeit ist schon seit dem 15. Jahrhundert in Deutschland bekannt. Was genau dahintersteckt, ob er eine Rolle spielt und welchen Unterschied er macht, erfahren Sie hier.

Ein guter Schreibstil ist das, was den Autor letzten Endes ausmacht. Diese Handschrift lässt Sie von den anderen Autoren abheben. Geben Sie Ihrem Text einen guten Rhythmus sowie ein gutes Tempo. Auch das Timing, die Klarheit, die Präzision und die Emotionen sind wichtig. Das alles ist das, worauf es wirklich ankommt. Doch was umfasst der Schreibstil dabei konkret?

Sie wissen, dass Texte und Aufsätze gerne nach den Kategorien Inhalt, Ausdruck und Rechtschreibung bewertet werden. Der Stil umfasst dabei ausschließlich den zweiten Aspekt. Der Inhalt und die Rechtschreibung sind für den Schreibstil nicht ausschlaggebend. Es geht um die Art, wie Ihre Handlung aufgeschrieben wurde. Und um die Erscheinungsform Ihres Werkes. Denn am Ende ist es dem Leser nicht wichtig, wie Ihr Text dargestellt wurde und ob er am Computer oder per Hand festgehalten wurde. Nein, am Ende kommt es allein auf den fertigen Text an.

Bücher können auch ohne einen guten Schreibstil erfolgreich veröffentlicht werden. Viele Leser können auf diese Eigenschaft verzichten. Dies ist aber sehr schade. Denn ein eigener Stil ist der Selbstausdruck einer Person. So ist es auch mit Ihrem Schreibstil. Machen Sie Ihren Text unverwechselbar und gewinnen Sie auf diese Weise feste Stammkunden bzw. -leser. Wie Sie das machen? Nun, bei Ihrem persönlichen Schreibstil stehen Ihre Gefühle ganz vorne. Schreiben Sie nach Lust und Laune und so, wie Sie es wollen.

Vermitteln Sie dem Leser alle Informationen so, dass Sie davon überzeugt sind, Ihrer Leserzielgruppe ein Bild von dem Geschehen liefern zu können. Der Leser soll in die von Ihnen beschriebene Welt eintauchen können. Bekommen Sie ein Gespür für Ihre Gefühle, indem Sie es studieren. Setzen Sie sich dazu einfach mit Büchern, welche einen guten Stil aufweisen, auseinander. Dabei können Sie auch auf Kinderbücher zurückgreifen. Es ist nur wichtig, dass Sie gute Bücher lesen. Und gute Bücher müssen nicht zwingend schwer und kompliziert zu lesen sein. Wichtig dabei aber ist, dass Sie nie vergessen, am Ende auf Ihren eigenen und persönlichen Stil zu vertrauen. Schreiben Sie nicht wie andere, sondern geben Sie Ihrem Buch das gewisse Etwas. Heben Sie sich von den anderen Autoren ab.

Hier ein Beispiel zur Verdeutlichung: Angenommen, zehn verschiedene Autoren nehmen das Schreiben eines Buches in Angriff. Die Handlung ist dabei detailliert vorgegeben. Alle Autoren geben ihr Buch ab und es folgt die Bewertung. Wie Sie sich denken können, ist jedes Buch einmalig. Dabei kann es sich nur um Differenzen in dem Ausdruck handeln. Jeder Mensch schreibt ein Buch auf seine individuelle Art und Weise. Die Schreibstile sind einmalig, vergessen Sie das nie.

Und auch auf diesem Weg gewinnen Sie Ihre Leserschaft. Die Leser können sich bei den Büchern unterschiedlich mit den Handlungen auseinandersetzen und sich unterschiedlich mit den Figuren identifizieren. Das liegt daran, dass jeder Autor den Text anders schreibt als der andere. Überzeugen und erreichen Sie Ihre Leser mit dem Stil und nicht mit der Handlung und Sie werden erfolgreich sein.

4.3.1 Klassische Erzählperspektiven

Auf dem Weg zu Ihrem eigenen Buch spielt auch die richtige Perspektive der Erzählung eine wichtige Rolle. Selbst die beste Idee verliert nämlich an Bedeutung, wenn sie nicht richtig erzählt wird. Mit der Erzählperspektive ist die Position gemeint, die Sie als Autor zu Ihren Figuren einnehmen. Unterschieden wird hier zwischen drei Varianten.

-> Der auktoriale Erzähler: Diese Variante ist oft in Romanen zu finden. Der Erzähler hat keine Wissenslücken. Er weiß alles und kann Andeutungen in Bezug auf den weiteren Verlauf des Buches machen. Zudem kennt er auch jede Figur und weiß, was in ihr vorgeht. Es handelt sich hierbei somit um einen imaginären Erzähler. Entscheiden Sie sich für diese Erzählperspektive, wenn Sie von einem großen Handlungsspielraum Gebrauch machen möchten. Hier können die Zusammenhänge und verschiedene Perspektiven erfolgreich dargestellt werden. Zudem können Kommentare und Anmerkungen gemacht werden, um die Geschichte in die richtige Richtung zu lenken.

-> Der personale Erzähler: Bei der personalen Perspektive der Erzählung wird die Geschichte bzw. Handlung aus der Sichtweise von mehreren verschiedenen Charakteren erzählt. In diesem Zuge kennt er auch die inneren Vorgänge der ausgewählten Figuren. Diese objektive und eingeschränkte Erzählweise ist beschränkt allwissend. Oft wird sie auch in der Vergangenheit erzählt. Zu empfehlen ist diese Perspektive, wenn Sie mehrere Hauptfiguren in Ihrer Geschichte involvieren.

-> Der neutrale Erzähler: Bei dem neutralen Erzähler handelt es sich um einen unsichtbaren Beobachter, welcher die Handlungen dem Leser übermittelt. Dabei verzichtet er auf Rückblicke, Wertungen, Urteile, Vorausdeutungen, Ansprachen und Kommentare. Der Erzähler greift nicht in die Ereignisse und Handlungen ein und wählt auch keine individuelle Sichtweise einer beteiligten Figur. Diese Variante ist sinnvoll, wenn Sie wollen, dass sich der Leser seine eigene Meinung über die Geschehnisse bildet. Er soll nicht beeinflusst werden und sich auf diese Weise ein eigenes Bild von der Handlung machen.

-> Der Ich-Erzähler: Hier wird die Geschichte aus der Sicht eines Protagonisten erzählt. Da seine Handlungen und Sichtweisen in dem Vordergrund stehen, erreicht er mit dem Leser eine hohe Identifikation. Die Erzählweise ist subjektiv und der Erzähler ist somit nicht allwissend. Hier kommt der Leser der Hauptperson sehr nahe und kann der Handlung intensiv folgen. Dies ist auch die bessere Wahl, wenn Sie Rätsel oder überraschende Wendungen in Ihrem Buch integrieren möchten. Die Inhalte können auf diesem Weg plausibel und glaubhaft rübergebracht werden.

Sie müssen sich ausgiebig Gedanken darüber machen, welche Erzählperspektive Sie in Ihrem Buch anwenden wollen. Legen Sie sich fest.

Besonders Erstautoren schwanken bei dem Schreiben zwischen mehreren Perspektiven. Diesen Fehler sollten Sie vermeiden, da diese Aktion für den Leser selten plausibel ist und eher unprofessionell wirkt. Überlegen Sie sich, wer die Geschichte am besten erzählen kann. Dabei soll der Leser die Handlungen alle nachvollziehen können. Bei Unsicherheiten können Sie ein Kapitel aus Ihrem Buch in unterschiedlichen Perspektiven verfassen und so testen, welche Alternative Ihnen am leichtesten fällt und auf den Leser die beste Wirkung ausübt. Sie werden schnell Differenzen in den unterschiedlichen Texten feststellen können.

Wenn Sie sich für das Schreiben eines non-fiktionalen Buches entscheiden, sprich für ein Sach-, Fach- oder Ratgeberbuch, so sind diese Erzählperspektiven in erster Linie für Sie irrelevant. Hier werden Vorgänge beschrieben aus der Sicht des Allwissenden. Sie haben quasi keine andere Wahl. Sie können lediglich Figuren auf den Seiten bringen, die etwas über spezielle Vorgänge erzählen. Bei dem Schreiben eines Ratgebers sprechen Sie den Leser direkt an. Vermeiden Sie dabei das „Du“. Ihre Lesergruppe sollte von Ihnen in der Höflichkeitsform angesprochen werden, sprich gesiezt werden.

4.3.2 Die Entwicklung der Figuren

Hier geht es um die Entwicklung der Hauptcharaktere und Nebenfiguren. Die Leser werden von der Handlung Ihres Buches in den Bann gezogen. Dazu gehören aber auch die handelnden Charaktere. Hat der Leser bzw. die Leserin Probleme mit der Identifikation mit den Figuren, so geht schnell das Interesse und somit auch die Lust am Lesen verloren. Für die lebendigen Charaktere gibt es kein Rezept, dennoch möchte ich Ihnen wertvolle Tipps mit auf den Weg geben. Auf diese Weise sollen Sie Ihre unverkennbaren und individuellen Figuren entwickeln, mit denen der Leser mitfühlen und -fiebern kann. Lesen Sie weiter!

-> Ein Buch überzeugt mit aktiven Charakteren. Die Hauptfigur muss die Handlung als Held aktiv vorantreiben. Eine schwache Figur würde die Sympathie der Leser nicht gewinnen. Es ist wichtig, dass die Figur Ihres Buches eine Entwicklung durchmacht. Auch wenn der Protagonist immer wieder mit Konflikten konfrontiert wird, gibt er nicht auf. Dabei muss der Charakter nicht zwingend perfekt sein. Er kann in der Tat auch Schwächen aufweisen. Aber dazu gibt es später mehr.

-> Machen Sie die Hauptfigur Ihres Buches zu etwas Besonderem, indem Sie ihm bzw. ihr ein unverkennbares Merkmal verleihen. Oft reichen schon Kleinigkeiten aus, damit sich der Protagonist von den anderen Figuren aus der Handlang abhebt. Dabei kann es sich um eine Brille, eine Narbe oder einen Gegenstand handeln, der immer mitgetragen wird. Geben Sie Ihrer Leserschaft eine graphische Darstellung, um einen lebendigen Charakter zu projektieren.

-> Kommen wir nun zurück auf die Schwächen. Ihrem Hauptcharakter können Sie gerne eine oder auch mehrere Schwächen zuordnen. Diese Kleinigkeiten oder Macken sollten dabei für die Handlung von Bedeutung sein. Wenn Sie einfallsreich sind, dann können Sie am Ende der Geschichte aus der Schwäche eine echte Stärke machen.

-> Lassen Sie sich von Ihren Mitmenschen und von Ihrem Umfeld beeinflussen. Schaffen Sie eine neue Figur und heben Sie sich von anderen Büchern ab. Sie wollen ja nicht, dass Ihre Figur blass und auswechselbar ist, indem Sie auf typische Charakterzüge verzichten.

-> Auch in diesem Zusammenhang ist es sehr ratsam, ein Charakterblatt für Ihre Hauptfigur zu entwickeln. Notieren Sie auf einem Blatt alle Informationen, die Sie als wichtig empfinden. Pflegen Sie diesen Zettel auch während des Schreibprozesses. So geben Sie den Figuren eine Tiefe und verleihen ihm bzw. ihr die Lebendigkeit. Zudem dienen die Notizen Ihnen während des Schreibens als Hilfestellung, um

Widersprüchlichkeiten vorzubeugen. Schauen Sie für weitere Details gerne in das Kapitel „6.6 Der Aufbau des Plots“ rein.

Dieses Kapitel bezieht sich überwiegend auf nicht fiktionale Bücher, sprich auf Romane, Krimis etc. Das liegt daran, dass hier vermehrt Personenkonstellationen stattfinden. Aber auch in einem fiktionalen Buch können Sie verschiedene Figuren einbauen. Hier wird allerdings weniger Kreativität verlangt. Stellen Sie Ihre Figur als wissend dar und lassen Sie sie sachlich erzählen, z. B. mithilfe der Anwendung von Sprechblasen. Je nach Zielgruppe haben Sie sich entsprechend in dem Schwierigkeitsgrad auszudrücken. Viel Spaß.

4.4 DAS ERFOLGSREZEPT

Das Schreiben stellt für jeden Autor eine Herausforderung dar. Zugleich ist es aber auch eine Reise zu sich selbst. Dabei entsteht ein individueller Text Ihrerseits. Es ist ein Akt der Schöpfung. Dabei ist es nicht einfach, die Kreativität über einen längeren Zeitraum aufrechtzuerhalten, sodass spätestens bei dem Eintritt der ersten Schreibblockade oder bei dem Aufkommen eines Gefühls der Arbeit viele Buchschreiber aufgeben.

Um ein Buch zu Ende zu bringen, muss es somit einen Ausgleich zwischen der Kreativität und dem Druck geben. Das, was den meisten am schwersten fällt, ist in Wirklichkeit nicht das Schreiben an sich, sondern das Hinsetzen. Mit ein bisschen Eigenverantwortung gelingt Ihnen das Schreiben trotz Ablenkung, Ausrede, Selbstsabotage und Zeitmangel. Arbeiten Sie an Ihrer Einstellung und verleihen Sie dem Buch Potential. Glauben Sie an sich!

Gewiss wurden Sie bereits mit Mythen konfrontiert. Es ist an der Zeit, diese aufzudecken.

-> Ihr Schreibstil muss nicht von Beginn an absolut perfekt sein. Selbst erfahrene Autoren überarbeiten ihr Skript mehrmals und ziehen gerne sogar professionelle Unterstützung in Betracht. Mit jedem Durchgang wird Ihr Buch besser.

-> Ihr Buch muss nicht perfekt sein. Es sind immer die Idee und die Geschichte, die sich verkaufen. Ihre Aufgabe ist also in erster Linie das Niederschreiben der Idee und des Wissens. Eine Perfektion würde dem Erfolg entgegenstellen. Den Perfektionismus können Sie bei dem Nachgang mit Spezialisten angehen.

-> Seien Sie mutig und schreiben Sie einfach. Zweifeln Sie nicht an sich. Das Schreiben eines Buches ist eine große Sache. Aber mit meiner Begleitung durch den Schreibprozess wird es Ihnen gelingen.

-> Für das Schreiben haben Sie als Erstautor alle Zeit der Welt. Aufgrund Ihres vollen Terminkalenders reicht es vollkommen aus, wenn Sie sich jeden Tag ein paar Minuten für das Schreiben nehmen. Machen Sie sich dies zu einer Gewohnheit. Schreiben Sie einfach auf, was Ihnen einfällt. Nach bereits kurzer Zeit wird Ihnen bewusst werden, dass Ihnen das Schreiben leichter fällt. Sie verfallen geradezu dem Schreibflow. Besonders wenn Sie einen Job mit 40 Stunden in der Woche haben, sollten Sie sich Schreibzeiten einplanen. So fördern Sie Ihre Kreativität und Motivation.

4.5 DER BESTSELLER

Ein Buch, welches sich überdurchschnittlich gut verkauft, wird als Bestseller bezeichnet. Die Spiegel-Bestseller beziehen sich dabei auf die Genres Belletristik und Sachbuch. Dabei liegt die Verkaufsrate meist bei über 10.000 Büchern. Die Abfrage erfolgt wöchentlich. Die Verkaufsstellen erhoffen sich bei diesen Zahlen einen höheren Umsatz, sodass sie diese Werke vermehrt dem potentiellen Leser vorführen.

Heutzutage ist es der Traum vieler Autoren, den Titel auf den vorderen Plätzen der Bestseller zu katapultieren, um in der Folge eine hohe Verkaufsrate zu erzielen. Dabei sollten Sie sich von dieser Bezeichnung nicht blenden lassen. Zu einem erfolgreichen Bestseller gehört nämlich der Spaß an dem Schreiben und ein in den Bann ziehendes Thema. Ihr Buch als Bestseller sollte niemals langweilig sein. Das Buch muss unter den Lesern weiterempfohlen werden, um erfolgreich auf dem Markt anzukommen.

Wenn Sie also einen Bestseller schreiben wollen, dann müssen Sie für alle Menschen schreiben. Sie schaffen sich eine breite Leserschaft, indem Sie den Leser mit Ihrem Buch bewegen. Wenn Sie dann noch den richtigen Zeitpunkt der Veröffentlichung erwischen und auch etwas Glück bei der Vermarktung mitwirkt, dann kann Ihr Buch womöglich schon bald mit dem folgenden roten Aufkleber auf dem Markt erscheinen und kursieren. Ich drücke Ihnen die Daumen.

Abbildung 3: Spiegel Bestseller [11].

5. Der Schreibprozess

Nun geht es um den Einstig in den Schreibprozess. Klingt das nicht verlockend? Doch nicht so voreilig. Auch hierbei sind einige Baustellen zu beachten. Was sind geeignete Tools für das Schreiben eines Buches? Welche Normen sind zu beachten? Wie finden Sie ausreichend Zeit und Motivation? Was hilft bei Schreibblockaden und wie sind diese gänzlich zu vermeiden? Wie fördern Sie Ihre Kreativität? Gibt es Regeln und Aufbauformalitäten zu beachten? Was sind typische Fehler? In diesem Kapitel gehen wir diesen und weiteren Fragen auf die Spur.

5.1 TOOLS FÜR AUTOREN

Damals hatte man noch zu einem Stift und Papier oder zu einer Schreibmaschine gegriffen. Doch diese Zeiten sind längst vorbei. Nun gibt es vielzählige Schreibprogramme und Tools, welche Sie bei dem Schreiben unterstützen. Testen Sie einige Tools und entscheiden Sie sich für das Programm, welches Ihnen am besten gefällt.

-> Ganz problemlos verwenden können Sie die Programme Microsoft Word, Pages, OpenOffice, OneNote oder Google Docs. Hier können Sie Formatierungen und Prüfungen auf die Rechtschreibung und Grammatik vornehmen.

-> Zu den speziellen Programmen für Autoren fallen z. B. Scrovener und Storyist.

-> Schreibhilfen und Rechtschreibkontrollen können Sie einfach mit einem Duden oder Woxikon durchführen.

-> Für das Brainstormen und Mindmapping von Plots & Inhaltsverzeichnissen sind Mindmeister, XMind, Freemind und Mindnode zu empfehlen.

-> Für Ihre Gedanken und Notizen eignen sich besonders Evernote, Microsoft OneNote und Google Keep. Neue Ideen können Sie jederzeit und überall überfallen. Halten Sie deswegen immer ein Notizblock oder ein Diktiergerät parat. Auch ein Smartphone kann hier hilfreich sein. Halten Sie Ihre Ideen fest und sichern Sie diese so.

5.2 DIE NORMEN

Wenn Sie bei der Veröffentlichung Ihres Buches das Self-Publishing in Betracht ziehen, ist die Erstellung eines professionellen Manuskriptes für Sie irrelevant. Es wird nämlich nur dann benötigt, wenn Sie Ihr Buch einem klassischen Verlag anbieten möchten oder wenn bereits ein Vertrag von dem Verlag vorliegt. Oft werden die Leistungen der Angebote von Lektoren, Übersetzern und Grafikern auf der Basis einer Normseite kalkuliert. Die Maßeinheit ist zwar nicht überall einheitlich, grundsätzlich können Sie sich aber an folgende Daten halten und dem Lektor auf diesem Weg eine Freude bereiten.

-> Format: DIN A4.

-> Seitenränder: Oben 2,19 cm, unten 1,78 cm, links 3,17 cm, rechts 2,54 cm.

-> Zeilenabstand: 1,5 Zeilen.

-> Schrift: Courier New oder Times New Roman.

-> Schriftgröße: 12 pt.

-> Schriftbild: Linksbündiger Flattersatz.

-> Seitenzahl: Unten auf den Seiten.

-> Kopfzeile: Buchtitel und Name des Autors.

-> Worttrennung: Nicht automatisieren.

-> Tabzeichen: Formatieren (Einrücken der ersten Zeile um 5 mm oder 3 Leerzeichen).

-> Ungefähre Umrechnungsformel: 1 Normseite = ca. 1.500 Zeichen = ca. 250 Wörter.

Daneben gibt es im Internet diverse Vorlagen einer Normseite für die verschiedenen Programme der Textverarbeitung zum Herunterladen.

5.3 DIE ZEITFINDUNG

Wenn Sie anstreben, ein Buch zu schreiben, brauchen Sie vor allem eines. Und das ist die Zeit. Es ist eine große Herausforderung, neben der Familie, dem Job, dem Haushalt, den Hobbys etc. ausreichend Zeit für das Schreiben zu finden. Und hier bietet sich nur eine Möglichkeit, und zwar das gute Zeitmanagement. Folgend werden Ihnen einige Methoden aufgezeigt. Diese sollen Sie motivieren, sodass Sie auch in stressigen Zeiten genügend Zeit für das Schreiben finden.

-> Ein durchschnittlicher Roman umfasst ca. 70.000 Wörter bis 120.000 Wörter. Wenn Sie durchhalten und es schaffen, täglich mindestens 200 Wörter auf ein Blatt Papier zu bringen bzw. in Ihrem Schreibprogramm damit ergänzen, dann wären Sie nach genau einem Jahr mit dem Buch fertig. Nach 350 Tagen könnten Sie so ein Buch mit einem Umfang von ca. 70.000 Wörtern vorlegen. Alternativ können Sie auch mit den Normseiten kalkulieren. Hierfür setzen Sie sich einfach ein Seitenziel. Um in einem Jahr mit 350 Tagen z. B. ein Buch mit ca. 87.500 Wörtern zu schreiben, sollten Sie Ihr Buch um eine Seite pro Tag ergänzen. Eine Seite umfasst dabei gute 250 Wörter. Für diese Menge sollten Sie ungefähr 30

Minuten einplanen. Ziehen Sie für die Erreichung Ihres Ziels gerne Ihren Partner oder Ihre Freunde mit ein. Und als zusätzliche Unterstützung der Motivation können Sie zudem gerne eine Belohnung einführen.

-> Vermeiden Sie jegliche Arten der Ablenkung. Vermeiden Sie während des Schreibens Ihr Telefon und auch Musik. Wenn Sie sich voll und ganz Ihrem Buch zuwenden, hat dies einen positiven Einfluss auf die Schreibqualität. Anders ist es bei emotionalen Szenen des Buches. Hier können Sie sich z. B. von emotionaler Musik beeinflussen lassen.

-> Machen Sie es sich gemütlich und sorgen Sie dafür, dass Sie sich wohlfühlen. Setzen Sie sich in Ihren Lieblingsstuhl, bereiten Sie sich Ihr Lieblingsgetränk zu und platzieren Sie kleine Snacks an Ihrem Arbeitsplatz. Dies sorgt bei Ihnen für ein Glücksgefühl. Die Schreibroutine kann wunderschön sein, wenn Sie sich für sich und Ihr Werk Zeit nehmen.

-> Wenn Sie unterwegs sind, nutzen Sie die Wartezeiten effektiv. Verwenden Sie die Minuten und seien Sie kreativ. Nutzen Sie die neue Umgebung, beobachten Sie die Menschen um Sie herum und geben Sie sich der Stimmung am Ort hin.

-> Haben Sie immer ein Notizblock oder ein Diktiergerät dabei. Die Inspirationen können an den unterschiedlichsten Orten und zu den unterschiedlichsten Zeiten auftauchen. Halten Sie Ihre Ideen fest, ehe sie wieder in Vergessenheit geraten.

-> Stehen Sie eine halbe Stunde früher auf oder gehen Sie etwas später schlafen. Diese zusätzliche Zeit am Tag können Sie erfolgreich in Ihr Projekt investieren, indem Sie den Energieschub am Morgen bzw. am Abend nutzen.

-> Eliminieren Sie alle möglichen Zeitkiller. Überlegen Sie, worauf Sie in Ihrem Alltag verzichten können, um mehr Zeit für das Schreiben zu finden. Zu den Zeitfressern gehören die technischen Alltagsgegen-stände und sozialen Medien wie TV, YouTube, Facebook, Twitter, E-Mail oder Videospiele. Worauf könnten Sie konkret verzichten oder wo könnten Sie den Konsum minimieren? Aber auch die Menschen gehören dazu. Gab es möglicherweise schon Treffen mit Freunden, bei denen Sie es später bereut haben, dass Sie die Zeit nicht in Ihr Buch investiert haben? Überlegen Sie. Jeder Mensch hat dieselben 24 Stunden am Tag wie Sie. Es ist nur die Frage, wie Sie diese verbringen. Und das ist allein Ihnen überlassen.

-> Setzen Sie sich ein Zeitfenster. Toben Sie sich in dieser Zeit aus. Schreiben Sie einfach drauflos. Korrigieren können Sie die Texte später. Viele Menschen können besser unter Druck arbeiten. Für eine bessere Umsetzung ist ein 10-Finger-System zu empfehlen. Dieses System fördert das schnellere Schreiben bzw. Tippen auf der Tastatur. „Tipp 10" ist z. B. ein kostenloses Programm für die Erlernung des 10-Finger-Systems.

-> Halten Sie Ihre Motivation stetig auf Vordermann. Mehr dazu finden Sie in dem nachfolgenden Kapitel „5.4 Die Motivation".

5.4 DIE MOTIVATION

Sie kennen dies bestimmt. Sei es bei dem Lernen oder auch bei dem Buchschreiben. Sie starten motiviert und euphorisch. Aber sobald die erste Hürde im Anmarsch ist, verlieren Sie Ihr Ziel schnell aus den Augen. Aber das muss nicht sein. Ich helfe Ihnen bei der Verwirklichung Ihres Traums.

-> Sie träumen davon, ein Buch zu schreiben? Dann beginnen Sie jetzt mit der Aktion. Warten Sie nicht länger und legen Sie los! Schieben Sie Ihre Motivation nicht auf. Dies ist auch der Fall, wenn Sie plötzlich Lust haben, ein weiteres Kapitel zu schreiben. Legen Sie Ihre aktuelle

Tätigkeit zur Seite und zögern Sie nicht weiter. Halten Sie Ihre Ideen jederzeit fest.

-> Das Schreiben eines Buches ist mit einer Menge Arbeit verbunden. Unterschätzen Sie dies nicht. Es verlangt mehr als eine Idee. Sie haben Zeit und Geld zu investieren. Aus diesem Grund ist die Selbstdisziplin das oberste Gebot. Schreiben Sie weiter, selbst wenn Sie gerade mal keine Idee haben. Machen Sie weiter und bleiben Sie dran.

-> Haben Sie stets Spaß an dem Schreiben. Seien Sie stolz auf das, was Sie bisher erreicht haben und lassen Sie sich nicht von Zweifel, unerfüllten Erwartungen, dem Termindruck oder dem Datenverlust unterkriegen. Jeder Autor hat mit diesen Problemen zu kämpfen. Schreiben Sie weiter und arbeiten Sie an sich.

-> Ihre Umgebung hat einen starken Einfluss auf das Schreiben. Probieren Sie unterschiedliche Orte aus und testen Sie, wann und wo Sie am effektivsten Schreiben können. Probieren Sie dabei auch ungewöhnliche Orte oder Begebenheiten aus, die zudem einen unterschiedlichen Schwierigkeitsgrad des Schreibens auf Sie ausüben.

-> Berichten Sie Ihren Mitmenschen gerne von Ihrem Vorhaben. Einerseits können Sie sich von denen inspirieren lassen und andererseits wird auf Ihnen ein Druck ausgeübt, der dazu beiträgt, dass Sie weitermachen.

-> Einige fürchten sich davor, dass sie am Leser vorbeischreiben. Vielleicht gehören auch Sie dazu. Scheuen Sie sich in diesem Fall nicht, sich mit einem Qualitätscheck in Form eines ersten Feedbacks auseinanderzusetzen. Ziehen Sie sich eine Person heran, der Sie vertrauen können und die Ihnen gegenüber ehrlich ist. Wichtig ist auch ein entsprechendes Lob, um Ihre Motivation in die Höhe zu schießen.

-> Leeren Sie Ihren Kopf oder schalten Sie ihn ab und an einfach aus. Atmen Sie einmal tief durch und gehen Sie tief in sich. Schieben Sie alle Erwartungen beiseite. So gelingt es Ihnen, mit allen Sinnen zu schreiben.

-> Schreiben Sie sich doch einen Brief, in dem Sie die Beweggründe festhalten. Machen Sie sich Gedanken darüber, warum Sie das Buch unbedingt schreiben wollen und was andere davon haben. Und wenn es Ihnen einmal an der Motivation mangelt, dann holen Sie den verfassten Brief wieder raus.

-> Für die Überwindung von Schreibblockaden schauen Sie doch in das nachfolgende Kapitel.

5.4.1 Zur Überwindung von Schreibblockaden

Während des Schreibens werden Sie definitiv auch mal mit Schreibblockaden konfrontiert. Es handelt sich um einen kleinen Geist, der Sie von dem Schreiben abhalten möchte und Sie zugleich mit einer unzähligen Auflistung an möglichen Tätigkeiten verführen möchte. Vielleicht kommen Sie irgendwann sogar an den einen Punkt, an dem ein Haushaltsputz attraktiver erscheint als die Arbeit hinter dem Bildschirm.

Besonders Erstautoren haben mit dieser Macht zu kämpfen, während ein erfahrener Autor vermehrt Probleme bei dem Weiterschreiben hat. Entweder ist etwas nicht stimmig oder es sind mehr Recherchen notwendig. Auch der Perfektionismus sowie der Anspruch an Ihren eigenen Text sind ein Aspekt der Schreibblockade. Dabei handelt es sich grundsätzlich um einen unbewussten Verursacher, der zu bewältigen ist. Hier finden Sie ein paar hilfreiche Tipps aufgelistet, die in der Praxis gut anzuwenden sind.

-> Legen Sie des Öfteren eine Schreibpause ein und das ganz ohne ein schlechtes Gewissen. Unternehmen Sie einen Spaziergang an der frischen Luft oder machen Sie einen Ausflug mit Ihrer Familie. Diese Aktion hilft Ihnen, den Kopf freizubekommen und lässt mit Sicherheit die Kreativität sprudeln. Vielleicht können Sie die neuen Eindrücke ja auch in Ihrem Buch einbringen.

-> Wenn Sie unter einer Schreibblockade leiden, bedeutet dies nicht, dass Sie nicht mehr schreiben können. Sie sitzen nur bei dem einen Werk fest, weshalb Sie an mehreren Büchern gleichzeitig werkeln können. Erfinden Sie eine Kurzgeschichte und testen Sie ein paar kreative Schreibübungen. Dieser Themenwechsel erfrischt Ihr Köpfchen und schafft Selbstvertrauen. Vergessen Sie dabei aber auf keinen Fall Ihr erstes Buch. Sie müssen nach einer gewissen Zeit wieder zu Ihrem ursprünglichen Werk zurückkehren und dieses vollenden. Andernfalls führt dies zu unzähligen unfertigen Büchern.

-> Lesen Sie andere Bücher und lassen Sie sich inspirieren. Nehmen Sie sich die Zeit und füttern Sie so Ihr Wissen mit frischem Input.

-> Entrümpeln Sie Ihren Geist bereits am Morgen. Selbst wenn es sich um banale Alltagsgedanken handelt, halten Sie alles fest. Wenn Sie gerade jedoch unter einer Schreibblockade leiden, dann hilft diese Methode auch, um wieder in den Schreibfluss zu kommen, da Sie nun ohne jeglichen Druck schreiben können. Probieren Sie es aus.

-> Rotieren Sie Ihren Schreibplatz. Der monotone Blick auf Ihren Bildschirm sowie die gleiche Umgebung können sich auf Ihre Kreativität dauerhaft hemmend auswirken. Ein einfacher Tapetenwechsel kann dazu beitragen, die Blockade schnell und effektiv zu überwinden. Hier die Vorzüge verschiedener Schreiborte:

- Das Zuhause: Bequem und kostenlos.

- Der Garten: Entspannung und Bezug zu der Natur.

- Das Büro: Konzentrierte Arbeitsatmosphäre.

- Das Café: Anregende und gut gestimmte Stimmung.

- Die Bibliothek: Ruhige und konzentrierte Atmosphäre.

- Das Hotelzimmer: Ausbruch aus der gewohnten Umgebung inkl. Service.

-> Für viele ist der einzige Weg zu der dauerhaften Überwindung von kurz- und langfristigen Blockaden, dass das Schreiben zu einer Gewohnheit wird. Schreiben Sie jeden Tag. Das regelmäßige Schreiben wird Ihnen mit der Zeit leichter fallen und Sie kommen schneller wieder in die Geschichte des Buches rein. Trainieren Sie in diesem Sinne Ihre kreative Ader und Ihre Schreibmuskeln.

-> Belohnen Sie sich selbst für die kleinen Schreibziele. Die richtige Motivation kann große Auswirkungen bewirken. Gehen Sie z. B. nach dem Erreichen von 1.000 Wörtern in Ihr Lieblingscafé und bestellen Sie sich dort Ihren leckeren Cappuccino. Gönnen Sie sich diese Auszeit.

-> Viele Schreibblockaden entwickeln sich, wenn Sie sich unter Druck gesetzt fühlen. Dieser kann wegen einer Deadline oder aufgrund von hohen Ansprüchen entstehen. Entspannen Sie sich und gehen Sie das Schreiben etwas lockerer an. Vertreiben Sie den Druck!

-> Die Meditation ist bekannt dafür, dass sie die Kreativität und Inspiration fördert. Beginnen Sie Ihre Schreibroutine mit einer einfachen und kurzen Meditation. Anleitungen hierfür finden Sie in dem Internet.

-> Eine weitere verrückte Technik basiert auf luziden Träumen. Lassen Sie Ihr Unterbewusstsein im Schlaf für Sie arbeiten. Auf diese Weise sind schon viele Werke entstanden.

5.5 DIE KREATIVITÄT

Der gesamte Prozess des Schreibens beruht auf Regeln – wieso dann noch kreativ werden? Nun, hier geht es darum, eine spannende Geschichte mit klaren Positionen und überraschenden Wendungen unter der Berücksichtigung der Regeln zu verfassen. Die Kreativität ist unabdingbar. Weiter eingegangen wird hier auf wertvolle und hilfreiche Tipps, von denen Sie gerne Gebrauch machen können. Nur zu!

-> Die Plausibilität. Selbst wenn Ihre Geschichte erfunden ist und in einer anderen Welt spielt, muss Ihre Geschichte plausibel sein. Die Charaktere und deren Motivation muss stimmig, glaubwürdig und authentisch sein. Gestalten Sie Ihre Charaktere individuell und überzeugend. Dies kann bereits eine kreative Herausforderung sein.

-> Der Plot. Die Kreativität entsteht bereits bei dem Entwurf der umfangreichen Haupt- und Nebenhandlungen. Seien Sie kreativ, wenn es um die Suche nach einem zentralen und spannenden Thema geht. Und achten Sie darauf: Der Handlungsbogen mit der Spannung und ohne jegliche Verwirrungen darf keineswegs unterbrochen werden.

-> Die Prämisse. Bei der Prämisse handelt es sich um die Moral der Geschichte. Die zentrale Aussage bzw. die Grundeinstellung Ihrer Handlung ist zwingend erforderlich, um eine stimmige Handlung zu bezwecken. Der Leser soll von der Geschichte lernen oder auch eine Erkenntnis gewinnen, damit Ihr Buch auch in der Zukunft in den Köpfen der Leserschaft verankert bleibt. Hierzu gehört eine Menge Kreativität.

-> Die Sackgasse. Sie werden womöglich an den Punkt kommen, an dem Ihre Geschichte totläuft und die Handlung in einer Sachgasse endet. Nutzen Sie Ihr kreatives Köpfchen und schlagen Sie wieder den Pfad ein, den Sie zu Beginn beabsichtigt hatten. Finden Sie eine Lösung oder Umstände, mit denen Sie die Geschichte wenden können.

Denken Sie stets daran: Sie stehen mit Ihrer Schlacht nie allein da. Viele (Erst-) Autoren kämpfen mit ihrer Kreativität. Im weiteren Verlauf des Buches werden Sie von weiteren Tipps und Ratschlägen lesen, die Ihnen die entsprechende Unterstützung geben werden. Machen Sie Ihr Buch zu einem Bestseller!

5.6 DIE REGELN

Sicherlich haben Sie schon von einigen Schreibregeln gehört. In diesem Kapitel wird die Regel „Show, don´t tell“ in Angriff genommen. Was sich genau hinter dieser Regel verbirgt und ob sie tatsächlich so wichtig ist, erfahren Sie nachfolgend. Relevant ist diese in erster Linie besonders für die fiktionalen Buchschreiber. Aber auch in den nicht fiktionalen Büchern können Sie diese Regel verwenden, z. B., um in einem Sachbuch die Definitionen näher an den Leser heranzuführen. Lesen Sie weiter!

„Show, don´t tell“ heißt übersetzt „zeigen, nicht erzählen“ und ist ein Grundsatz der modernen Literatur. Die Regel fordert dazu auf, szenisch zu schreiben. Eine plastische Darstellung bzw. Beschreibung von Handlungsdetails soll auf diesem Wege erfolgen, damit eine bessere Identifikation der Leser mit den Figuren stattfinden kann und die Handlung vor den Augen geführt werden kann. So fesseln Sie Ihre Leserschaft. Natürlich nimmt die ausführliche Erzählung dann in der Folge mehr Platz in Anspruch, im Gegenzug können Sie die Leser die Geschichte sehen lassen.

Am Ende kommt es allerdings auf die richtige Umsetzung an. Kombinieren Sie das show und tell, um eine gute Mischung aus Zeigen und Erzählen zu bezwecken. Wie Sie die Handlung an den Leser heranführen, ist letzten Endes Ihnen überlassen. Die plastische Beschreibung ist lediglich der Weg zu dem Ziel. Zusammenfassend lässt sich sagen: Für das Erzählen von Belanglosigkeiten oder für das Überbrücken von größeren Zeiträumen ist das knappe Beschreiben anzuwenden. Ein detailliertes Niederschreiben ist angebracht, wenn die Handlung entscheidend für den weiteren Verlauf des Buches ist. Über die gesunde Mischung entscheiden Sie selbst. Somit mutiert diese Regel quasi zu einem wertvollen Tipp für Sie.

Ein spanischer Hochschullehrer schrieb für einen eindringlichen Erzählstil den folgenden Ratschlag nieder:

„Zweifelslos nämlich erfasst derjenige, der sagt, die Stadt sei erobert worden, alles, was nur ein solcher Schicksalsschlag enthält, jedoch dringt es wie eine knappe Nachricht zu wenig tief ein in unser Gefühl. Wenn du dagegen das entfaltetest, was alles das eine Wort enthielt, dann wird das Flammenmeer erscheinen, das sich über die Häuser und Tempel ergossen hat, das Krachen der einstürzenden Dächer und das aus den so verschiedenen Lärmen entstehende eine Getöse, das ungewisse Fliehen der einen, die letzte Umarmung, in der andere an den Ihren hängen, das Weinen der Kinder und Frauen und die unseligerweise bis zu diesem Tag bewahrten Greise, […].“ (Quint VIII 3, 67f.), [21].

5.7 DER AUFBAU DES BUCHES

Die Gliederung bzw. die Struktur ist der Grundstein eines jeden Buches und die Basis eines erfolgreichen Schreibprozesses. Eine gute Struktur hilft Ihnen, die Ziele zu definieren und fokussiert zu bleiben. Sie werden in der Lage sein, schneller Ihre Gedanken zu formulieren und das Buch schneller fertigzustellen. Dabei wird die Struktur grundsätzlich zwischen den fiktionalen und den nicht fiktionalen Büchern unterschieden. Für beide Varianten gibt es verschiedene Anlaufmöglichkeiten, die präsentiert werden. Wir beginnen mit der Struktur eines nicht fiktionalen Buches.

-> Bringen Sie all Ihre Gedanken und Ideen mit einer Mindmap auf einen Zettel und strukturieren Sie diese gleichzeitig. So können Sie z. B. auch Zusammenhänge erkennen und pro Kapitel eine Mindmap erstellen. Dabei geht es nicht um Perfektion. Das chaotische Bild ist der Start eines erfolgreichen Buches.

-> Starten Sie einen kreativen Prozess im Kopf. Legen Sie dazu einen vorläufigen Buchtitel fest und listen Sie dann alle Punkte auf, die Ihr Buch wiedergeben soll. Mithilfe dieser Ausarbeitung entwerfen Sie im Anschluss die jeweiligen Kapitel. So kreieren Sie einen einfachen Buchumriss.

-> Wenn es um den Inhalt und den Aufbau der einzelnen Kapitel geht, erstellen Sie eine vollständige Kapitelliste. Danach wird jedes Kapitel mit Schichtkapiteln und Inhalten gefüllt. Ergänzen können Sie die Kapitel um Interviews, Weblinks etc., die Sie mit den Inhalten verknüpfen.

-> Ihrer Kreativität sind keine Grenzen gesetzt. So können Sie Ihr Buchkonzept auch zeichnen. Nehmen Sie Stifte und Zettel zur Hand und fühlen Sie sich frei. Alternativ bieten sich auch Tafel und Kreide oder Block und Tuschkasten.

-> Wenn Sie lieber auf eine organisierte Methode zurückgreifen möchten, dann ziehen Sie doch ein Schreibprogramm in Betracht. Besonders beliebt bei den Autoren ist Scrivener. So können Sie sich mithilfe von Ordnern organisieren. Allerdings ist hiermit auch ein höherer Zeitaufwand verbunden.

Nun geht es an die Strukturierung eines fiktionalen Buches.

-> Nutzen Sie die Microsoft Office Programme wie Excel. Hier können Sie die wichtigsten Punkte und Plots zusammenfassen. Und unter der Zuhilfenahme eines neuen Registers können Sie z. B. die Charaktere auflisten.

-> Sie sind ein Fan von Post-its? Dann schnappen Sie sich eine leere Wand, an der Sie Ihre Geschichte langsam vervollständigen. Hier sind Sie zudem flexibel. Sie können ständig eine neue gegliederte Form in Erscheinung bringen.

-> Bei der Schneeflocken-Methode bauen Sie den Inhalt basierend auf der anfänglichen Struktur nach und nach auf. Mehr dazu haben Sie im

Kapitel „4.2.2 Die Umsetzung der Buchidee mit der Schneeflocken-Methode“ erfahren.

-> Auch die Skelett-Gliederung können Sie nutzen. Hier konzentrieren Sie sich auf die Erzählpunkte Ihres Buches und bringen diese in eine chronologische Abfolge.

-> Die sogenannte Plot-Schablone ist eine Vorlage für das Schreiben. Sie bietet einige Handlungsstrukturen, die schon seit Jahrhunderten von den Autoren verwendet werden.

-> Zu guter Letzt können Sie auch mit dem Ende Ihrer Handlung beginnen. Wenn Sie bereits wissen, wie die Handlung enden soll, dann können Sie von diesem Punkt aus in der Handlung zurückkehren und so nach und nach den gesamten Handlungsstrang skizzieren.

5.8 TYPISCHE FEHLER

Vielen Autoren unterlaufen immer wieder dieselben Fehler. Selbst Erfahrene haben ihre Stärken und Schwächen. Aber wir alle sind eben auch nur Menschen. Gerade bei Ihrem ersten Werk, wenn Sie sowieso schon so viel zu beachten haben, entgeht einem schnell etwas. Aus diesem Grund habe ich Ihnen hier einige typische Fehler aufgelistet. Nehmen Sie diese nicht persönlich, sondern sehen Sie diese als Hilfestellung. Egal ob während des Schreibens oder im Anschluss: Verlieren Sie diese Punkte nicht aus den Augen – und Ihr Buch wird zu einem Bestseller. Schauen wir rein ...

-> Fehler 1: Der Tonfall. Achten Sie darauf, dass Sie das Sprachregister an die Charakterzüge des Erzählers anpassen. Ihnen werden keine Grenzen gesetzt. Auch informelle Ausdrücke sind erlaubt, solange diese zur Erzählperspektive passen.

-> Fehler 2: Der Perspektivenwechsel. Beschreiben Sie die Situation nur aus dem Blickwinkel der erzählenden Person. Vermeiden Sie das Verstoßen gegen die in dem Kapitel vorliegende Perspektive und geben Sie nur die Informationen bekannt, die der Erzähler hat.

-> Fehler 3: Die Dosierung der Hintergrundinformationen. Zu viele Informationen langweilen den Leser, die Herausgabe von zu wenigem Hintergrundwissen macht den Leser orientierungslos. Machen Sie sich konkrete Gedanken über die Preisgabe und finden Sie das Gleichgewicht zwischen zu viel und zu wenig Hintergrundwissen. So erzeugen Sie Spannung und der Leser kann sich orientieren und die Handlung verstehen.

-> Fehler 4: Das Irrelevante. Beschreiben Sie wichtige Handlungen detailliert. Sind die Details für die weitere Handlung irrelevant, haben Sie hier nicht in die Tiefe zu gehen. Auch in den Dialogen müssen die Parts ohne Informationsgehalt gestrichen werden. Richten Sie sich nach dem roten Faden und führen Sie die Leser hinein in die Spannung.

-> Fehler 5: Das Tempus. Vermeiden Sie z. B. einen Wechsel zwischen Präteritum (Vergangenheit) und Präsens (Gegenwart). Ersteres wird gerne für Erzähltexte verwendet, das Präsens macht die Figuren und die Handlungen lebendiger. Für welche Erzählweise Sie sich auch entscheiden, ist Ihnen überlassen – Hauptsache Sie vermeiden einen Tempusfehler bzw. -wechsel.

-> Fehler 6: Die Rückblende. An den richtigen Stellen bereichern die vergangenen Ereignisse Ihre Geschichte. Aber das ständige Einfügen von Rückblenden in einer Zeitebene führt schnell dazu, dass das gegen-wärtige Erzählen nicht in den Gang kommt. Überlegen Sie genau, ob und wann eine Rückblende in Ihrem Buch Sinn macht.

-> Fehler 7: Das allgemeine Schreiben. Oft sind Szenen für den Leser abstrakt. Die geben Informationen heraus, berühren den Leser jedoch nicht.

Es kommt immer auf den Zusammenhang und die Wirkungsabsicht an. Schreiben Sie z. B. aktiver, um das Interesse der Leser zu halten und um ihn zu berühren.

-> Fehler 8: Die Plausibilität. Sie können Ihrer Geschichte so viel Kreativität geben, wie Sie wollen. Aber es muss in die Wirklichkeit der von Ihnen beschriebenen fiktionalen Welt passen.

-> Fehler 9: Das Kopieren. Sie haben einen Bestseller gelesen, an dem Sie sich orientieren möchten? Nun, dies kann aber schnell zu einer schlechten Kopie werden. Wenn Sie ein Buch schreiben, dann bauen Sie sich einen besonderen Blick auf die dargestellte Welt auf. Sie erzählen mit einer individuellen Stimme auf einer einzigartigen Weise. Wenn Sie sich zu sehr an ein bestehendes Buch orientieren, können Sie keine eigene literarische Stimme entwickeln.

-> Fehler 10: Die Überarbeitung. Mit dem letzten Satz ist Ihr Buch nicht abgeschlossen. Nach einer intensiven Arbeit haben Sie Ihr Werk noch nicht abgeschlossen. Um ein professionelles Buch auf dem Markt präsentieren zu können, sind Überarbeitungen notwendig. Selbst nach dem mehrmaligen Überarbeiten werden Sie noch kleine Mängel beseitigen können. So können Sie Ihr Buch um ein Vielfaches verbessern.

6. Fiktionale Bücher

Bei den fiktiven bzw. fiktionalen Büchern handelt es sich um imaginäre, ausgedachte Bücher. D. h., dass die Geschichten in Wirklichkeit nicht existieren. Es gibt keinen Beweis in Bezug auf die Wahrheit und keinen Bezug zu der realen Welt. Deren Existenz beruht lediglich darauf, dass sie als echtes Buch vorliegen.

Der Begriff der Fiktionalität stammt aus der Literaturwissenschaft und bezeichnet einen erfundenen Charakter in einer literarisch dargestellten Welt. Wichtig ist, dass der Leser sich über die fiktionale Handlung des Buches im Klaren ist.

Die folgenden Genres beruhen auf der fiktionalen Literatur. Für jedes dieser Genres wäre noch eine weitere detailliertere Auflistung möglich.

-> Familienroman: In dem Mittelpunkt steht hier ein Hauptkonflikt, welcher sich auf die Familienverhältnisse bezieht.

-> Fantasy: Bei den Fantasy Geschichten spielen sich die Handlungen in einer vollkommen anderen Welt ab. So können fantastische und auch magische Einflüsse die Geschichte des Buches schmücken.

-> Gesellschaftsroman: Hier liegt der Fokus auf gesellschaftliche Normen und Verhaltensweisen.

-> Historischer Roman: Dieser Roman spielt sich in der Vergangenheit ab und basiert auf historischen Gegebenheiten.

-> Horror: Ein Horror Buch ist oftmals durch viel Brutalität gekennzeichnet, um den Leser in Angst zu versetzen und ihn an seine Grenzen treiben zu können.

-> Humor: Bei diesem Buch wird viel Wert darauf gelegt, dass es lustig ist. Dieses Genre taucht häufig in Kombination mit einem weiteren Genre auf.

-> Krimi: In diesen Büchern sollen Verbrechen aufgeklärt werden. Hier kann weiter z. B. zwischen Detektivromanen, Polizeiromanen oder Gangsterkrimi unterschieden werden.

-> Liebesroman: Hier steht die Liebe in dem Vordergrund. Dabei kann die Handlung auf das Entdecken von Gefühlen, auf das Nicht-Erwidern von Gefühlen oder auf einer Hochzeit oder Trennung basieren. Sehr häufig wird der Leser hier mit viel Herzschmerz konfrontiert.

-> Science-Fiction: Diese Geschichten spielen sich in der Zukunft ab.

-> Steampunkt: Hierbei geht es um eine Kombination aus Science-Fiction und aus dem historischen Roman.

-> Thriller: Hierbei geht es um lebensbedrohliche Entwicklungen, die ein Verbrechen mit sich bringen. Dabei begibt sich der Protagonist häufig in große Gefahr.

Wenn Sie Ihr Buch auf eines dieser aufgelisteten Genres fokussieren wollen, sind Sie hier genau richtig. Gemeinsam schreiben wir Ihr Buch. Wenn Ihr Interesse an einer nicht fiktionalen Literatur gebunden ist, finden Sie zutreffende Informationen in dem nachrangigen Kapitel „7. Nicht fiktionale Bücher".

6.1 FANTASIE UND FAKTEN

Bei den fiktionalen Texten handelt es sich um einen schöpferischen Akt und um eine literarische Leistung mit hohem Anspruch. Mit dem Schreiben begeben Sie sich auf eine kreative Reise mit höchstem Niveau. Es wird mindestens einen Menschen geben, der Ihr Werk über alles liebt und das sind Sie. Sie genießen den Schreibprozess. Sie sollten bei dem Schreiben immer Ihre Zielgruppe berücksichtigen. In diesem Fall aber schreiben Sie in erster Linie für sich. Und was Sie begeistern wird, wird auch Ihre Leser in den Bann ziehen. Geben Sie Ihrer Kreativität die höchste Priorität. Dabei haben Sie Ihre eigene Schreibpersönlichkeit zu entwickeln. Hier wird Ihnen eine Tür in eine ganz neue Welt geöffnet.

Ziehen Sie für die Struktur Ihres Buches unterschiedliche Methoden in Betracht. Ein paar haben Sie zuvor bereits kennengelernt. Diese werden an dieser Stelle nicht wiederholt aufgeführt. Bedenken Sie, dass Sie hier mehr Zeit zu investieren haben als bei einem non-fiktionalen Buch, da Ihre Geschichte nicht auf Fakten beruht. Nein, sie entsteht in Ihren Gedanken und wird geleitet von Ihrer Fantasie. Sie werden niemanden den Grad der Wahrheit beweisen müssen. Sie allein entscheiden über die Handlung und Aktionen innerhalb des Buches. Es ist Ihre Welt. Legen Sie los und teilen Sie Ihre Fantasien mit Ihrer Leserschaft. Sie werden begeistert sein.

6.2 DIE INSPIRATION

Auf den vorherigen Seiten konnten Sie schon einige Kreativitätstechniken zur Ideenfindung in Erfahrung bringen. Auch hier können Sie diese unbesorgt anwenden und sich von den Ergebnissen inspirieren lassen. Nun, vermutlich wird Ihnen dies bei den fiktionalen Büchern womöglich schwerer fallen als zuvor angenommen.

Denn wie gelangt man an Informationen und Ideen einer Welt, die bisher unbekannt ist? Schließlich wollen Sie evtl. ein ganz neues Setting schaffen? Gerade im Genre Fantasy, Supernatural und Science-Fiction ist dies einer Herausforderung. In solch einem Fall bieten sich die „What if"-Fragen an. Nehmen Sie sich einen großen leeren Zettel und schreiben Sie auf: „Was wäre, wenn ...". Bei dieser Art des Brainstormings kommen Sie zu wirklich interessanten logischen Schlüssen. Hier einige Beispiele zur Verdeutlichung der Technik:

-> Was wäre, wenn die Menschen plötzlich vier Arme haben?

-> Was wäre, wenn jeder Tag zwei Stunden länger wäre?

-> Was wäre, wenn der Mensch das Geld selbst drucken kann?

-> Was wäre, wenn die Schwerkraft jeden Tag für eine Stunde ausfallen würde?

-> Was wäre, wenn der Mensch keinen Schlaf mehr braucht?

Auf diese Weise kommen Sie auf ausgefallene Situationen, aus denen später Ihre einzigartige Geschichte entstehen könnte. Achten Sie darauf, dass auf dem Büchermarkt keine Form der von Ihnen erdachten Handlung vorliegt. So machen Sie Ihre Geschichte einmalig.

Eine weitere Methode bietet auch sicherlich das Internet und die soziale Plattform. Auch hier können Sie sich auf vielfältiger Weise inspirieren lassen. Wenn Sie jedoch ein Thema in Aussicht stellen, welches es auf dem Markt noch nicht gibt, dann sollten Sie dieses nicht öffentlich bekannt machen. Sicherlich ist es verlockend, die Ideen online zu diskutieren und sich weitere Meinungen einzuholen.

ABER: Hier ist Vorsicht geboten. Alle Texte sind von dem Moment der Entstehung an durch das Urheberrecht geschützt, Ihre Einfälle jedoch nicht. So ist es nicht ausgeschlossen, dass Ihre Idee gestohlen wird und von wem anders verarbeitet und veröffentlicht wird. Und in solch einem Fall wäre das echt schade um Ihre fiktionale Buchidee. Also überdenken Sie die angestrebte Publikation vor der Veröffentlichung.

6.3 DER TITEL

Wenn Ihr Buch auf der Liste der Bestseller erscheinen soll, ist in erster Linie ein passender Buchtitel erforderlich. Bei dem Titel kommt es darauf an, ob das Buch gekauft wird oder nicht. Sie wissen gewiss aus Erfahrung, dass der Titel nicht irrelevant ist. Hierbei handelt es sich um eine Verkaufsstrategie. Weckt der Titel das Interesse Ihrer Zielgruppe, so kann ein Kauf von der Seite des Kunden aus garantiert werden. Um Ihre Leserschaft zu erreichen und um zugleich Ihre Absatzchancen zu maximieren, haben Sie bei der Auswahl des Titels einiges zu beachten.

Der Buchtitel muss kurz und bündig zeigen, worum es in Ihrem Buch geht. Er hat einzigartig zu sein und darf keine falschen Erwartungen hervorrufen. Die Zugkraft muss ausreichen, um die Leserschaft aufmerksam zu machen. Außerdem muss er zu dem Genre passen und auf der Zielgruppe basieren. Darüber hinaus muss der Buchtitel eine Einheit zu dem Cover und zu dem Design bilden.

Alles muss stimmig sein und zusammenpassen. Deswegen ist es nicht verwunderlich, dass manche über Nacht eine geniale Eingebung erlangen, während sich andere über Monate mit diesem Thema auseinandersetzen. Lassen Sie sich also Zeit auf der Suche nach dem richtigen Titel und setzen Sie sich in keinem Fall unter Druck. Hier sind ein paar effektive Anstöße für Ihre Kreativität.

-> Unser Gehirn nimmt Informationen auf und verarbeitet diese verdammt schnell. Geben Sie dem Gehirn der Leserschaft ein Rätsel auf. Sorgen Sie dafür, dass der Kunde den Titel nicht überfliegt, sondern über den Titel nachdenken muss. Er soll an Ihrem Werk hängenbleiben und Interesse gewinnen. Unser Gehirn liebt Überraschungen, Geheimnisse und Rätsel. Ihr Buch wird so auf jeden Fall auffallen und in den Köpfen der Menschen nicht so schnell in Vergessenheit geraten.

-> Wenn Sie die Bedürfnisse Ihrer Zielgruppe kennen und wissen, wie Sie diese erreichen können, dann können Sie Emotionen mit in das Spiel bringen. Ermitteln Sie die Bedürfnisse, Wünsche und Sehnsüchte der Leser und nutzen Sie diese aus. Selbst einfache Reizwörter reichen schon aus, um die unterschwelligen Emotionen bei dem Leser auszulösen. Diese wecken das Interesse und bewegen den Kunden zu dem Kauf.

-> Mithilfe von Stilmitteln können Sie gezielt eine Wirkung auf den Leser bewirken und diesen unterbewusst beeinflussen. Sie können Gefühle transportieren und eine hohe Aussagekraft erzielen. Zu den poetischen Formen gehören Alliterationen, Metaphern, Rhythmus, Hyperbel, Ironie, Symbole, rhetorische Fragen usw. Recherchieren Sie einfach und lassen Sie sich inspirieren. Diese sprachlichen Mittel bringen die Zahnräder der Leser in Bewegung.

-> Beachten Sie die Zielgruppe. Die Mehrheit der Bücherkäufe ist dem weiblichen Geschlecht zuzuordnen. Überlegen Sie, an wen Sie sich explizit richten wollen. Die Frauen erreicht man besser auf einer emotionalen Ebene. Dem gegenüber stehen die Männer, welche Sie eher mit analytischen und logischen Informationen in Ihrem Titel zu einem Kauf bewegen können. Sprechen Sie Ihre Zielgruppe mit den passenden Signalwörtern direkt an. Seien Sie zielorientiert.

6.4 DIE CHARAKTERE UND FIGUREN

Nach dem Lesen eines Buches sind es immer die Charaktere und Figuren, an die wir uns erinnern, sobald wir an ein bestimmtes Buch zurückdenken. Die Handlung ist eher zweitrangig. Dies ist selbst in dem realen Leben ein Fakt. Deswegen ist die Entwicklung der interessanten Figuren auch so wichtig und zugleich auch so schwer. Der Leser muss sich mit der Figur identifizieren können und das Gefühl haben, den dargestellten Charakter zu kennen. Eine Sympathie muss hervorgerufen werden. Aus diesem Grund ist es wichtig, dass Sie sich darüber im Klaren sind, wie Sie die Figur in Ihrem Buch spannend und stimmig agieren lassen können. Um Emotionen und Interesse bei dem Leser hervorzurufen, müssen vielseitige Charaktereigenschaften existieren. Glaubhafte Vorurteile und innere Konflikte sind in dem Buch zu teilen. Wie auch in dem echten Leben ist eine authentische Persönlichkeit mit Ecken und Kanten zur Glaubhaftigkeit erforderlich. Es müssen erstrebenswerte Ziele bestehen und eine Entwicklung durchgemacht werden.

Die Figur soll von dem Leser bewundert werden. Sie können sich dabei von Personen aus der realen Welt inspirieren lassen. Das allgemeine Persönlichkeitsrecht in dem Grundgesetz besagt jedoch, dass reale Personen und dessen Namen nicht originalgetreu verwendet werden dürfen. Berücksichtigen Sie diesen Aspekt bei der Aufstellung der Personen. Gerne können Sie den folgenden Satz in Ihrem Buch ergänzen, um sich abzusichern:

„Alle Namen, Handlungen und Personen sind frei erfunden. Ähnlichkeiten mit lebenden oder bereits verstorbenen Personen sind rein zufällig und nicht beabsichtigt."

Bringen Sie zudem Nebenfiguren ein, die für die Handlung notwendig sind und die Geschichte untermauern. Ein Plot bestehend aus nur vereinzelten Figuren wird bekanntlich schnell langweilig. Lernen Sie Ihre Charaktere nun auswendig. Die Handlungen und Szenen müssen zu der Figur passen und für den Leser verständlich und nachzuvollziehen sein. Dazu können Sie einen einfachen Steckbrief entwerfen, welcher z. B. Auskünfte über das Aussehen, über den Charakter, über die Lebenssituation, über die Konstellation, über die Träume oder über die Rolle in dem Buch gibt. Grundsätzlich wird die Persönlichkeit des Menschen in fünf Bereiche eingeteilt. Diese sind:

-> Neurotizismus / Verletzlichkeit

-> Extraversion / Geselligkeit

-> Offenheit für Erfahrungen / Aufgeschlossenheit

-> Gewissenhaftigkeit / Perfektionismus

-> Verträglichkeit / Rücksichtnahme

Weiter geht es um die Bedürfnisse. Hierzu fallen u. a. die Liebe, die Anerkennung, die Freunde und Feinde, die Motive, der finanzielle Erfolg oder das Bedürfnis nach Aufmerksamkeit. Hier können Sie die Fragebogentechnik anwenden. Hierbei führen Sie quasi ein Interview mit all den Charakteren aus Ihrem Buch. Notieren Sie sich interessante und relevante Fragen über den Musikgeschmack, über den Umgang mit Niederlagen oder über Aspekte der Gleichgültigkeit.

Sorgen Sie dafür, dass die Figuren kein Eigenleben führen und dafür, dass der Charakter und die Handlung stimmig bleiben. Versetzen Sie sich immer wieder in die Person und überlegen Sie, was diese tun oder sagen würde. Wenn Sie sich später an die Namensgebung wagen, haben Sie darauf zu achten, dass der Name zu den Eigenschaften der Figur passt. Zur Hilfestellung können Sie in dem Internet recherchieren oder auch ein Telefonbuch in Betracht ziehen.

6.5 DIE ERSTE SEITE

Die erste Seite kann Ihnen unter Umständen große Angst bereiten. Schließlich ist dies die Seite, die den Leser mitreißen muss. Es ist Ihre einzige Chance, den ersten Eindruck gut zu meistern. Sie kennen das bestimmt: Sie wollen ein Buch schreiben, wissen aber nicht, wie Sie anfangen sollen. Oder Sie haben das Thema bereits nach einigen Seiten aus den Augen verloren. Viele Erstautoren werden mit diesem Problem konfrontiert. Wenn Sie wünschen, dass Ihr Projekt gewinnt, dann brauchen Sie einen sehr guten Plan. Alles muss organisiert sein, ehe Sie sich mit dem Schreiben befassen. Jedes noch so kleine Detail sollte in einem sogenannten Drehbuch erfasst sein. So müssen Sie die Kapitel später nicht chronologisch abarbeiten. Stattdessen können Sie nach Lust und Laune die Kapitel in unterschiedlicher Reihenfolge abarbeiten.

Zurück zu der ersten Seite: Werfen Sie diese weg und beginnen Sie direkt mit der Handlung. Der Leser taucht direkt in das Geschehen ein, ohne jegliche Art von Vorwarnungen. So wird Ihr Anfang spannend.

Wenn Sie allerdings auf einen Einstieg in das Geschehen bestehen, will ich Ihnen diesen nicht ausreden. Es soll Ihr Buch werden. Auch hierauf bezogen möchte ich Ihnen mit hilfreichen Tipps unter die Arme greifen.

-> Sie können mit einer Frage beginnen. Dabei kann es sich auch um eine Situation handeln, die eine Frage in den Raum wirft. Dies sollte den Leser dazu bewegen, weiterzulesen.

-> Weiter können Sie das Interesse auch durch Rätsel wecken.

-> Sie können auch mit einem dramatischen, spannenden, lustigen oder emotionalen Erlebnis beginnen.

-> Schreiben können Sie in der Vergangenheit, Gegenwart und Zukunft.

Ziehen Sie Ihre Leser in den Bann. Schreiben Sie direkt zu Beginn leidenschaftlich, damit die Faszination der Geschichte spürbar ist. Gerne können Sie den Leser auch mit provokanten Anmerkungen herausfordern. Auch faszinierend ist, wenn Sie in dem folgenden Kapitel etwas Überraschendes schreiben. Etwas, was nicht abzusehen war. Seien Sie kreativ.

6.6 DER AUFBAU DES PLOTS

Der Plot ist der Handlungsablauf und somit das Gerüst Ihres Buches. Eine gute Handlung umfasst viele Konflikte und mitreißende Figuren voller Emotionen und Wünsche. Das Schreiben von Geschichten ist und bleibt eine Kunst. Deswegen sind viele Techniken und Planungen erforderlich. Lassen Sie sich hiervon aber auf keinen Fall abschrecken. Ich nehme Sie an die Hand und begleite Sie bis hin zu der Verwirklichung Ihres Buches.

Ein guter Plot – was genau ist damit gemeint? Um das Interesse der Leser nicht zu verlieren, müssen Sie Ihr Buch planen. Setzen Sie dazu Ihre Charaktere immer wieder stressigen Situationen aus und platzieren Sie Überraschungen an nicht vorhersehbaren Stellen. Nutzen Sie starke Gefühle, die Sie bei dem Leser hervorrufen, um den Leser am Lesen zu halten. Für eine bessere Visualisierung haben Sie die Handlung in Bildern zu beschreiben, damit ein Kopfkino garantiert werden kann.

Am Ende müssen die Ereignisse miteinander verknüpft sein, die Geschichte hat stimmig zu sein und es muss ein roter Faden existieren. Dazu können Sie Gebrauch von einer Prämisse machen. Dieses Werkzeug stellt die Kernaussage Ihres Buches in einem moralischen Satz fest. Was genau wollen Sie dem Leser aneignen? Dass die Liebe alle Hindernisse überwindet oder dass Übermut gefährlich ist? Seien Sie kreativ.

Bereits bei dem Ausarbeiten Ihrer Figuren haben Sie bereits eine Handlung entworfen. Nehmen Sie sich vereinzelte Stunden Zeit und erarbeiten Sie Antworten auf verschiedene spezifische Fragen. Diese können lauten:

-> Wie ist die Grundidee Ihrer Geschichte?

-> Wie gestaltet sich der Handlungsort?

-> Welchen Zeitraum umfasst die Handlung?

-> Wie erreicht der Protagonist das Ziel?

-> Sind die Ereignisse eng miteinander verknüpft?

-> Sind alle Ereignisse für den Handlungsablauf relevant?

-> Passen die Figuren zu der Handlung?

-> Bringt die Mitte eine entscheidende Veränderung?

-> Liegen mehrere entscheidende Wendungen vor?

-> Entsteht der Schluss aus den vorangegangenen Ereignissen?

Nun geht es daran, dass Sie Ihrer Geschichte die erste Form geben. Dazu gibt es verschiedene Techniken, die sich anbieten. Ich möchte Ihnen an dieser Stelle das Stufendiagramm und das 7-Punkte-System ans Herz legen.

Für die erste Variante erstellen Sie für jedes Kapitel eine kurze Inhaltsangabe. Halten Sie fest, welche Charaktere in der Szene eine Rolle spielen, welche Informationen offengelegt werden und zu welchen Konflikten es kommt. Wenn Sie nun schlüssige Episoden zusammenfassen, so erhalten Sie Ihre erste Rohfassung des Buches.

Die zweite Variante ist strukturierter. Hier gliedern Sie die gesamte Handlung des Buches in sieben Szenen, zu denen Sie eine kurze Zusammenfassung notieren. Die erste Szene ist der Aufhänger. Hier wird der Leser in das kalte Wasser geworfen. Ein Problem oder Konflikt entsteht. Bei der ersten Wendung zeichnet sich das zuvor genannte Problem ab und die Welt verändert sich durch diese neue Erkenntnis. Bei dem ersten Kniff geht dann etwas schief. Der Protagonist wird zu der Handlung gezwungen. Im Mittelpunkt wird die Situation aktiv angegangen. Das Verhalten des Hauptcharakters verändert sich. Der Druck nimmt in dem zweiten Kniff zu, die Situation wird schlimmer und die Umstände erscheinen ausweglos. In der zweiten Wendung bietet sich eine neue Chance. Das Problem wird in der siebten Phase der Auflösung gelöst.

6.7 INSZENIERUNG UND DIALOGE

Nun haben Sie erfolgreich eine konkrete Handlungsstruktur ausgearbeitet und Sie kennen den groben Inhalt jedes Kapitels. Jede Szene muss die Handlung schlüssig darstellen und einen Spannungsbogen darstellen. Eine jede Szene wird dabei zwischen einer inneren und äußeren Handlung gegliedert. Der innere Part beschreibt, wieso sich etwas ereignet.

Der Leser muss die Motivation der jeweiligen Charaktere nachvollziehen können, welche als Überleitung für die nächste Szene fungiert. Der äußere Teil stellt die Entscheidung, welche sich aus einem Konflikt ergibt. In jeder Szene haben Sie dabei eine Handlung voranzutreiben. Dabei muss der Handlungsort beschrieben werden, die Figuren müssen sich entwickeln und Emotionen transportiert werden. Eine Szene besteht demnach aus den folgenden Elementen: Das Verlangen nach der Zielerreichung, der Konflikt als Hindernis und das Desaster. Bei dem letzteren Punkt geschieht etwas Schreckliches oder Unvorhergesehenes.

Um eine Verbindung zwischen den einzelnen Szenen zu erreichen, ist die sogenannte Sequenz erforderlich. Hier werden die Reaktion und die Emotion der Figur festgehalten. Es findet quasi eine Bestandsaufnahme statt. Damit geben Sie dem Leser die Chance zum Durchatmen, ehe die Figuren wieder aktiv werden und es zu dem nächsten Paukenschlag übergeht.

Geben Sie dabei in jeder Szene nur die nötigsten Informationen heraus. Die Leser sind in der Lage, sich schnell Dinge zusammenzureimen. Details und Wiederholungen können somit vermieden werden. Schreiben Sie stattdessen straffe Dialoge und vermeiden Sie lange Monologe, weitschweifige Gespräche und überflüssige Floskeln.

Das Herzstück einer erfolgreichen Szene ist der Dialog. Diese müssen den zentralen Konflikt emotional und wirkungsvoll transportieren. Die zentrale Funktion der Dialoge ist die Beschreibung der Persönlichkeit und der Ausdrucksweise der Charaktere. Zudem werden so ein Gefühl für die Zeit und den Raum geschaffen. Mit Begleitsätzen können Sie dem Leser klar machen, wer spricht und in welchem emotionalen Zustand sich dieser Sprecher gerade befindet. Beachten Sie hier die richtige Schreibweise bei der Verwendung von Redebegleitsätzen.

Den Dialog kann man direkt und indirekt ausdrücken. Bei einem direkten Dialog bringt der Charakter kurz und knackig auf den Punkt, was er oder sie meint. Direkte Dialoge können deshalb schnell mal langweilig werden. Zweiteres basiert auf dem indirekten Ausdruck von den Wünschen einer Figur. Dabei wird mit Umschreibungen und Übertreibungen gearbeitet. So gewinnt der Charakter an Charme und Lebhaftigkeit. Schaffen Sie mit der richtigen Anwendung eine passende Atmosphäre.

Achtung: Die direkten und indirekten Dialoge sind nicht vergleichbar mit der direkten und indirekten Rede.

Die direkte und indirekte Rede sowie innere Monologe können Sie auch gezielt einsetzen, um das Interesse des Lesers beizubehalten. Die inneren Monologe zeigen dabei die Gedanken und Gefühle des berichtenden Protagonisten auf. Für den Leser ist es von großer Bedeutung zu erfahren, wie der Charakter auf andere Figuren innerhalb des Buches reagiert und was die tatsächlichen Gedanken sind. So kann der Leser u. a. einzelne Handlungsschritte und Reaktionen besser nachvollziehen. Zudem können so weitere Informationen herangezogen werden, die für den Leser nützlich sein könnten. Machen Sie Gebrauch von den unterschiedlichsten Methoden und gewinnen Sie den Leser für sich!

6.8 DIE ERZEUGUNG VON SPANNUNG

Wenn die Leser Ihr Buch nicht mehr weglegen können, haben Sie alles richtig gemacht. Sie haben sie von Anfang an in den Bann gezogen und Antworten bzw. Lösungen werden herbeigesehnt. Sie haben es geschafft, Spannung aufzubauen. Es ist eine Kunst, diese schnell aufzubauen und die Konfliktsituation bis zu dem Ende hinauszuzögern, ohne sie künstlich wirken zu lassen. Für die Umsetzung gibt es unzählige Methoden.

-> Lassen Sie den Leser etwas rätseln, ehe Sie die Handlung in dem Buch vorantreiben und in dem weiteren Verlauf auflösen. Dies können auch kleine Rätsel sein, die die Gedanken der Leser in das Rollen bringen.

-> Ein Zeitdruck, welcher auf den Protagonisten ausgeübt wird, schafft Spannung. Der Zeitdruck kann mit einer Deadline oder einem zukünftigen Ereignis verknüpft werden.

-> Wenn der Leser mehr weiß als der Protagonist, leidet der Leser mit. Er würde gerne den Hauptcharakter warnen und aufklären. Sie können auch kleine Anstöße, Hinweise und Vorausdeutungen geben.

-> Beginnen Sie neue Szenen immer kurz vor einem Konflikt oder beenden Sie ein Kapitel an einem Höhepunkt. So halten Sie das Interesse des Lesers effektiv. Sie können auch mit einer anderen Situation fortfahren, um den Leser zu verführen.

-> Wenn Sie mit mehreren Handlungssträngen gleichzeitig auf ein Ereignis zusteuern, fiebert der Leser stärker mit.

-> Vermeiden Sie monotone und langweilige Dialoge und suchen Sie schlagfertige Charaktere für die Geschichte Ihres Buches aus.

-> Lassen Sie die Beweggründe und Hintergründe vorerst weg. Sie müssen nicht direkt alles aufklären. Stattdessen können Sie bezwecken, dass dem Leser unzählige Fragen aufkommen, die er mit dem weiteren Lesen bewerkstelligen möchte. Und wenn Sie eine Auflösung geben, können Sie zugleich neue Rätsel aufkommen lassen.

-> Lassen Sie unvorhersehbare Dinge geschehen, Konflikte aufkommen oder Gefahren erzeugen. Ein Buch sollte nicht langweilig werden.

-> In Liebesromanen können Sie eine räumliche Trennung vornehmen.

-> Sprechen Sie alle fünf menschlichen Sinne an, damit der Leser intensiver in das Geschehen gerät. Zu diesen Sinnen gehören der Geschmack, der Geruch, das Gehör, der Tastsinn und das Sehen.

6.9 HILFREICHE TIPPS

Sie haben etliche Regeln für das Schreiben eines Buches kennengelernt. Jetzt ist die Empfehlung, dass Sie beginnen, einfach draufloszuschreiben. Sie kennen Ihre Kapitel und Szenen und auch Ihre Figuren und Charaktere kennen Sie auswendig. Machen Sie sich jetzt erst mal keine Gedanken um die Qualität in Bezug auf Layout, Rechtschreibung, Grammatik und Ausdruck. Andernfalls sitzen Sie noch nächste Woche an Ihrem ersten Kapitel. Schließlich wollen Sie Ihren Ansprüchen gerecht werden.

Aber zu Beginn handelt es sich bei Ihrem Buch in erster Linie um einen Entwurf. Schreiben Sie alle Ihre Gedanken nieder. Die Überarbeitung folgt erst in dem zweiten Schritt. Dies kann in einem Alleingang oder unter Einbezug eines Lektorats geschehen. Erst dann geht es an die Prüfung der Elemente Ihres Plots. Dennoch gibt es auch schon während des Schreibens effektive Tipps, die Sie beherzigen können, um die Prozesse, die sich dem Schreiben anschließen, zu vereinfachen und zugleich den Zeitaufwand zu reduzieren.

-> Schreiben Sie in kurzen Sätzen, damit die Gedanken klarer an den Leser übertragen werden.

-> Beeinflussen Sie das Lesetempo. Bei spannenden Szenen ist mit kurzen Sätzen zu arbeiten. Bei der Verwendung von langen Sätzen kann sich der Leser etwas treiben lassen.

-> Schreiben Sie aktiv. Vermeiden Sie das Schreiben von passiven Sätzen.

-> Strukturieren Sie Ihren Text mit ausreichenden Absätzen.

-> Schreiben Sie in Bildern, um die Sinne des Lesers anzuregen.

-> Rhetorische Stilmittel machen Ihre Texte leichter lesbar und sind unterhaltsam.

-> Beginnen Sie mit den wichtigsten Informationen. Ausnahmen bilden überraschende Wendungen in dem Text.

Und nun ran an Ihr eigenes Buch! Viel Spaß und Erfolg!

7. Nicht fiktionale Bücher

Die nicht fiktionale Literatur beruht auf wahren Begebenheiten. D. h., dass ein Bezug zu der Realität vorliegt. Wichtig ist, dass die jeweilige Literatur gut recherchiert und ausgearbeitet ist. Der Inhalt muss korrekt und auf dem neusten Stand gebracht werden. Dem Leser sollen weder Unsinn noch Falschaussagen präsentiert werden.

Die folgenden Genres beruhen auf der nicht fiktionalen Literatur. Für jedes dieser Genres wäre noch eine weitere detailliertere Auflistung möglich. Diese Bücher eignen sich besonders für neue und unbekannte Autoren, da es für diese Themen grundsätzlich eine Nachfrage sowie auch konkrete Suchanfragen gibt. Folglich lassen sich diese Bücher auch schneller vermarkten als Bücher aus den Bereichen der Fiktion und Belletristik

-> Biografie: Hierbei handelt es sich um die Wiedergabe des Lebens einer bestimmten Person. Dargestellt werden die Erfolge sowie Misserfolge. Die Biografien werden in weiteren Genres unterteilt, die von dem Verfasser abhängig sind.

-> Fachbuch: Dies sind wissenschaftliche Abhandlungen in Bezug auf eine vorher ausgewählte Thematik. Dabei wird umfangreich und sachlich über ein Thema berichtet. Eine persönliche Meinung ist ausgeschlossen.

-> Ratgeber: Bei einem Ratgeber geht es um eine vereinfachte Form des Fachbuches, welches leichte Themenschwerpunkt in Angriff nimmt. Die Literatur ist geprägt von der Meinung und von Anmerkungen des

Autors. Dabei sollen die Informationen dem Leser Stück für Stück angeeignet werden. Es geht gezielt um Anleitungen, Lebenshilfen u. Ä.

-> Sachbuch: In Sachbüchern werden Themen näher erörtert. Allerdings wird hier weniger auf wissenschaftliche Argumentationen eingegangen. Im Vordergrund stehen das Populärwissen und Meinungen.

Wenn Sie Ihr Buch auf eines dieser aufgelisteten Genres fokussieren wollen, sind Sie hier genau richtig. Gemeinsam schreiben wir Ihr Buch. Wenn Ihr Interesse an einer fiktionalen Literatur gebunden ist, finden Sie zutreffende Informationen in dem vorrangigen Kapitel „6. Fiktionale Bücher".

7.1 DAS GRUNDLEGENDE

Heutzutage lassen es die sozialen Medien und das Internet zu, dass Sie sich praktisch alles online und ohne Kosten zusammensuchen können. Nun, das ist korrekt. Dennoch boomt der Markt für Ratgeber und Fachbücher. Die Ursache liegt in der Aufbereitung. Mit dem Kauf erwartet der Leser eine qualitative Selektion. Viele Informationen aus dem Buch werden nur nach stundenlanger Recherche aufgefunden. Hier wird dem Leser eine leicht erfassbare Aufbereitung geboten.

Zudem sollte jeder Autor eines nicht fiktionalen Buches eigene Expertenerfahrung einbringen und nicht ausschließlich das Gesagte aus dem Internet ausgeben. Sie müssen dem Leser einen Mehrwert liefern. Die Erwartungen Ihrer Leser müssen gestillt werden, schließlich zahlt er für Ihr Buch. Sie müssen Ihre Leser demnach genau kennen. Dazu können Sie sich auch aktuelle Bestseller aus dem Internet nehmen und die Bücher der Wettbewerber analysieren in Hinblick auf der Aufmachung, den Inhalt und den Kritikern. Zudem haben Sie den Trend einer Thematik zu untersuchen.

Den Trend sollten Sie sich nicht als eine geradlinige Kursbewegung vorstellen. Trends werden vielmehr als zackige Bewegung charakterisiert, die aufeinanderfolgenden Wellen ähneln. Die Richtung, in der sich die Linie bewegt, zeigt den Trend des Marktes. Unterschieden wird zwischen den Trendrichtungen aufwärts, abwärts und seitwärts. Zudem sind Hoch- und Tiefpunkte vorprogrammiert. Das Trendbarometer gibt Ihnen die Möglichkeit, die tatsächliche Breite an das Interesse eines bestimmten Themas abzuschätzen. Eine Möglichkeit, um die reale Nachfrage auszumachen, bietet das Internet. Recherchieren Sie doch einfach mal die aktuellen Bestseller. Wie Sie bereits erfahren haben, richtet sich dieser Titel ja nach den Absatzzahlen. Weitere Informationen, um die Konkurrenz checken zu können, finden Sie in dem Kapitel „7.5 Das Potential".

Der Verlauf des Hype-Zyklus ist dabei bei jedem Buch ähnlich. Dieser beschreibt die Aufmerksamkeit, die Ihrem Buch von dem Projektbeginn bis hin zu der Produktivität gewidmet wird. Details sind der nachstehenden Grafik „Der Verlauf des Hype-Zyklus" zu entnehmen [11].

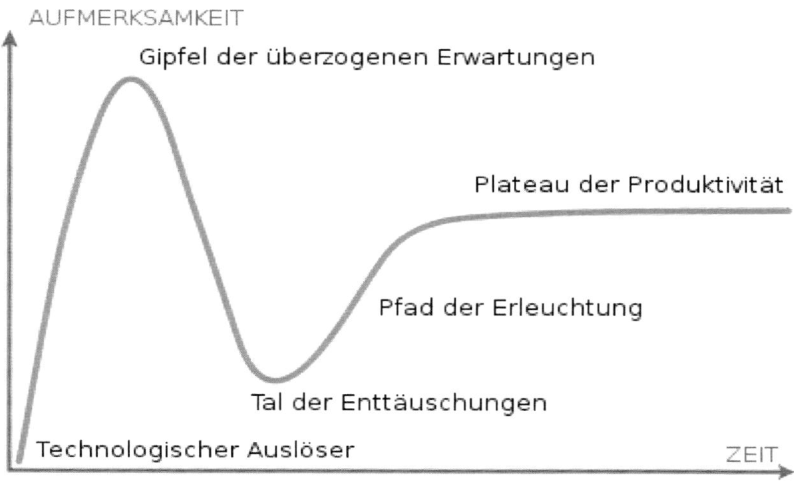

Abbildung 4 Der Verlauf des Hype-Zyklus [12].

An erster Stelle steht der Durchbruch bzw. der Projektbeginn. Dieses Ereignis stößt auf ein beachtliches Interesse Ihrer Leserschaft. Am Gipfel der überzogenen Erwartungen angekommen, überstürzen sich die Berichte. Die Leser setzen unrealistische Erwartungen und hegen eine übertriebene Begeisterung für Ihr Werk. Die Aufmerksamkeit erreicht ihren Höhepunkt. Da jedoch nicht alle Erwartungen erfüllt werden können, nimmt das Interesse in dem Tal der Enttäuschungen wieder ab.

Später jedoch kommt der Pfad der Erleuchtung. Es wird ein Verständnis auf die Vorteile projiziert und die Grenzen des Buches werden wahrgenommen. In dem Plateau der Produktivität nehmen die starken Trendschwankungen ab. Die Vorteile Ihres Werkes werden erkannt und auch akzeptiert. Erst in diesem Abschnitt werden Sie wirklich Geld verdienen.

Daneben sind noch weiteren Aspekten eine Aufmerksamkeit zu schenken. Sie müssen Ihre Zielgruppe genau im Blick haben. Welches Vorwissen haben Ihre Leser? Sind es Einsteiger oder handelt es sich um Profis? Wie wollen Sie Ihr Buch aufbereiten? Wollen Sie ein Handbuch oder einen Crashkurs anbieten? Welche didaktischen Elemente werden erwartet? Hierunter fallen Checklisten, Übersichten und Fallbeispiele. Außerdem haben Sie die zielgruppenadäquate Ansprache zu definieren. Wie wollen Sie den Leser ansprechen?

Wenn Sie hier selbst als Buchautor fungieren, ziehen Sie von effektiven Marketingmaßnahmen einen Nutzen. Es ist hoch effektiv in Hinblick auf die Auftragszahlen und wird von nur wenigen genutzt. Unterschätzen Sie auf keinen Fall Ihren Status als Experte. Mit dem unabhängigen und kompetenten Ruf werden Sie viele Anfragen für das Schreiben eines Fachbuches erhalten. Sie haben das Recht, einzelne Exemplare zu dem Druckkostenpreis zu vermarkten. Auch große Unternehmen bezeichnen sich gerne als Herausgeber und ermuntern ihre Mitarbeiter zu dem Schreiben von Büchern.

Machen Sie sich aber vorerst konkrete Gedanken in Bezug auf Ihren Schwerpunkt in Ihrem Buch. Recherchieren Sie ausgiebig, ehe Sie sich für ein Thema entscheiden und sich festlegen.

7.2 DER RECHERCHEPROZESS

Eine solide Recherchearbeit ist ausschlaggebend für den Erfolg von nicht fiktionalen Büchern, auch wenn hiermit selten ein Spaß verbunden ist. Dabei ist es von großer Bedeutung und Wichtigkeit, qualitativ hochwertige Quellen von einem Ausschuss zu differenzieren. Aus diesem Grund sollten Sie immer auch Gebrauch machen von den klassischen Medien, von Büchern, Zeitschriften und Zeitungen sowie von den Studien auf einer wissenschaftlichen Ebene.

Auch Ihre zukünftige Leserschaft ist zurzeit unter Umständen online und in dem Internet am Surfen. Sie organisieren sich in dem sozialen Netzwerk, um so an wertvolle und hilfreiche Informationen zu gelangen. Halten Sie sich am besten auch dort auf. Nur so können Sie in Erfahrung bringen, was die Leser wirklich suchen und wollen.

Sie können sich auf diese Weise ein ganzes Fundament bzw. Profil Ihrer Leser erstellen. Die Recherche ist die Vorbereitung auf den folgenden Erfolg. Ihre Beziehung zu den Lesern wird sehr eng. Ihr größtes Problem wird dann die Zeit für das Schreiben sein. Die Schreibblockaden verschwinden quasi von allein. Sie werden schon sehen! Hier sind weitere Tipps für Sie:

-> Mit einer ausgiebigen Recherche erfahren Sie, was der Leser sucht und Sie können ihm bzw. ihr mit diesem Weg helfen. Werden Sie dazu ein Teil der Leserschaft. Begeben Sie sich dazu in verschiedene Foren und treten Sie mit den zukünftigen Lesern Ihres Buches unmittelbar in Kontakt.

-> Die Recherche wird sich nie dem Ende neigen. Wenn Ihr Buch vollendet ist, können Sie eine 2. Auflage in Angriff nehmen. Überarbeiten und verbessern Sie Ihr Buch.

-> Lernen Sie, die Recherche anzuerkennen. Es ist ein wichtiger Prozess, welcher zu der Qualität Ihres nicht fiktionalen Buches beiträgt. Erledigen Sie diesen Akt sorgfältig und tiefgründig.

7.2.1 Recherchen mit Keywords

Die Recherchen mit Keywords sind kompliziert, zugleich aber auch ein wichtiges Werkzeug eines jeden Fachbuchautors. Bei den Keywords handelt es sich dabei um Wörter, Phrasen und Themen, die von den Menschen zur Suche angewendet werden. Gehen Sie dabei ohne System vor, so finden Sie sich in naher Zukunft in einem Strudel von Informationen wieder. Deshalb ist der Grad des Potentials erforderlich, um gezielt eine Qualität erreichen zu können. Ich unterstütze Sie dabei, damit Sie sich in dem Prozess der Suchbegriffanalyse zurechtfinden.

Ziel dieser Recherche ist, dass Sie Schlagwörter und Themen ausmachen, die für Ihre Lesezielgruppe entscheidend sind. Machen Sie sich Gedanken darüber, welche Suchbegriffe Sie anwenden würden, wenn Sie nach Informationen suchen, die Ihrer Buchthematik entsprechen. Dabei können Sie auch andere Menschen nach möglichen Schlagwörtern befragen. Setzen Sie dazu erst einmal nur ein Wort an. Tiefer aufgreifen können Sie Ihre Suche mit dem Einbezug der sozialen Medien. Was sind die besten Ergebnisse bei Facebook und Twitter? Bei der Verwendung welcher Suchwörter ist das Interesse Ihrer Leserschaft besonders hoch? Welche Begriffe fallen explizit bei einer Diskussion an? Recherchieren Sie ausgiebig.

Suchbegriffe mit einem gigantischen Suchvolumen eignen sich dabei u. a. auch besonders für den Titel Ihres Buches. Denn diese Wörter sind demnach viel im Umlauf und gängig. Die Menschen würden mit einer höheren Sicherheit auf Ihr Buch stoßen und zu einem Kauf neigen. Dabei ist die Konkurrenz nicht außen vor zu lassen. Suchen Sie nach einem Titel für Ihr Buch, welches die konkrete und erfolgversprechendste Thematik herausstellt. Sie können Ihre Suche dabei auch verwenden, um z. B. Ideen für die konkrete Formulierung Ihres Titels und Ihrer Kapitelüberschriften zu finden.

Darüber hinaus ist der Suchtrend von Ihnen zu berücksichtigen. Dabei können Sie z. B. von Google Trend Gebrauch machen.

URL: https://trends.google.de/trends/?geo=DE

Mit dieser Funktion können Sie Ihren erarbeiteten Suchbegriff in eine der vorgeschlagenen Themenbereiche und Kategorien einordnen und das Interesse in dem zeitlichen Verlauf ausmachen. Das Intervall können Sie auch vorgeben. Weiter können Sie den Trend nach den Unterregionen aufteilen und verwandte Themen auffinden.

Für einen Vergleich zweier Wörter haben Sie zudem die Möglichkeit, mehrere Wörter einzugeben. So wird Ihnen der Verlauf beider Interessen in einer Grafik dargestellt. Die angewandte App wird in dem Internet kostenlos angeboten. Hier sehen Sie in der Grafik den Trend bzw. das Interesse an der Thematik „Buch schreiben“ im zeitlichen Verlauf. Nutzen Sie diese Möglichkeit.

Abbildung 5: Der Trend im zeitlichen Verlauf [13].

Den Trend sollten Sie sich dabei nie als eine geradlinige Kursbewegung vorstellen. Wie Sie sehen, wird der Trend vielmehr als zackige Bewegung charakterisiert, welche mehreren aufeinanderfolgenden Wellen ähneln. Die Richtung, in der sich die Linie bewegt, zeigt den Trend des Marktes. Unterschieden wird zwischen den Trendrichtungen aufwärts, abwärts und seitwärts. Zudem sind Hoch- und Tiefpunkte vorprogrammiert, die Sie auch in der abgebildeten Grafik ausmachen können.

Besonders interessant ist das Verhältnis von dem Suchvolumen zu den Bücherzahlen. Denn dieses gibt die relative Attraktivität der Thematik an. Je höher die Kennzahlen ausfallen, desto höher ist das Potential Ihres Suchbegriffes zu stufen.

7.3 DER TITEL

Wenn Ihr Buch auf der Liste der Bestseller erscheinen soll, ist in erster Linie ein passender Buchtitel erforderlich. Bei dem Titel kommt es darauf an, ob das Buch gekauft wird oder nicht. Sie wissen gewiss aus Erfahrung, dass der Titel nicht irrelevant ist. Hierbei handelt es sich um eine Verkaufsstrategie. Weckt der Titel das Interesse Ihrer Zielgruppe, so kann ein Kauf von der Seite des Kunden aus garantiert werden. Um Ihre Leserschaft zu erreichen und um zugleich Ihre Absatzchancen zu maximieren, haben Sie bei der Auswahl des Titels einiges zu beachten.

Der Buchtitel muss kurz und bündig zeigen, worum es in Ihrem Buch geht. Er hat einzigartig zu sein und darf keine falschen Erwartungen hervorrufen. Die Zugkraft muss ausreichen, um die Leserschaft aufmerksam zu machen. Außerdem muss er zu dem Genre passen und auf der Zielgruppe basieren. Darüber hinaus muss der Buchtitel eine Einheit zu dem Cover und Design bilden. Alles muss stimmig sein und zusammenpassen. Deswegen ist es nicht verwunderlich, dass manche über Nacht eine geniale Eingebung erlangen, während sich andere über Monate mit diesem Thema auseinandersetzen. Lassen Sie sich also Zeit auf der Suche nach dem richtigen Titel und setzen Sie sich in keinem Fall unter Druck. Hier sind einige Anstöße für Ihre Kreativität.

-> Unser Gehirn nimmt Informationen auf und verarbeitet diese verdammt schnell. Geben Sie dem Gehirn der Leserschaft ein Rätsel auf. Sorgen Sie dafür, dass der Kunde den Titel nicht überfliegt, sondern über den Titel nachdenken muss. Er soll an Ihrem Werk hängenbleiben und Interesse gewinnen. Unser Gehirn liebt Überraschungen, Geheimnisse und Rätsel. Ihr Buch wird so auf jeden Fall auffallen und in den Köpfen der Menschen nicht so schnell in Vergessenheit geraten.

-> Wenn Sie die Bedürfnisse Ihrer Zielgruppe kennen und wissen, wie Sie diese erreichen können, dann können Sie Emotionen mit in das Spiel bringen. Ermitteln Sie die Bedürfnisse, Wünsche und Sehnsüchte der Leser und nutzen Sie diese aus. Selbst einfache Reizwörter reichen schon aus, um die unterschwelligen Emotionen bei dem Leser auszulösen. Diese wecken das Interesse und bewegen den Kunden zu einem Kauf.

-> Mithilfe von Stilmitteln können Sie gezielt eine Wirkung auf den Leser bewirken und diesen unterbewusst beeinflussen. Sie können Gefühle transportieren und eine hohe Aussagekraft erzielen. Zu den poetischen Formen gehören Alliterationen, Metaphern, Rhythmus, Hyperbel, Ironie, Symbole, rhetorische Fragen usw. Recherchieren Sie einfach und lassen Sie sich inspirieren. Diese sprachlichen Mittel bringen die Zahnräder der Leser in Bewegung.

-> Wenn Sie ein Fach-, Sach-, oder Ratgeberbuch schreiben, empfiehlt es sich, Suchwörter in den Titel oder Untertitel einzubringen. Sorgen Sie dafür, dass Ihr Buch schnell gefunden wird, z. B. bei der Suchfunktion. So können Sie auch einen Gattungsbegriff in dem Titel einbringen. Mit der erhöhten Auffindbarkeit Ihres Buches erreichen Sie eine deutlich größere Leserschaft.

-> Beachten Sie die Zielgruppe. Die Mehrheit der Bücherkäufe ist dem weiblichen Geschlecht zuzuordnen. Überlegen Sie, an wen Sie sich explizit richten wollen. Die Frauen erreicht man besser auf einer emotionalen Ebene. Dem gegenüber stehen die Männer, welche Sie eher mit analytischen und logischen Informationen in dem Titel zu einem Kauf bewegen können. Sprechen Sie Ihre Zielgruppe mit den passenden Signalwörtern direkt an. Seien Sie zielorientiert.

7.4 ÜBERSCHRIFTEN DER KAPITEL

Die Kapitelüberschriften sind ein wichtiges Element Ihres Buches. Dank kurzer Einblicke in das Buch vor dem Kauf sind diese oft für den Bücherkauf entscheidend. Auch bei dem Leseprozess sind die Unterüberschriften ein Kriterium dafür, in welcher Reihenfolge der Leser die Kapitel abarbeitet und auch, ob sich der Leser für jedes Ihrer Kapitel die Zeit für das Lesen nimmt. Somit haben Sie diesem Part also viel Liebe und viel Zeit zu geben.

-> Sie können sich dabei z. B. an das Eigeninteresse der Leserschaft orientieren. Dies ist der größte Motivator bei Ihren Lesern, das Buch zu vollenden bzw. in diesem Fall, dass das Kapitel gelesen wird. Nennen Sie also den größten Lesernutzen eines jeden Kapitels. Dabei können Sie sich auf die Wünsche und Bedürfnisse konkretisieren. Schließlich ist das Grundbedürfnis der Menschen die Erfüllung der eigenen Bedürfnisse.

-> Sie können aber auch persönlich oder spezifisch werden. Langweilen Sie Ihre Leser nicht mit Floskeln oder Allgemeinem. Dies sind typische Überschriften, die einen möglichen Kauf verhindern. Stattdessen sollten Sie den Lesernutzen beschreiben. Sprechen Sie sie persönlich und direkt an mit den Anredepronomen „Du“ und „Dein(e)“. Die Wörter „Dies/e/s“ verleihen Ihrem Wortspiel einen ganz persönlichen Charakter. Auch die Verwendung von Zahlen schafft einen gewissen Grad an Aufmerksamkeit und zieht den Leser in den Bann.

-> Schnell und einfach ist besser als lang und kompliziert. Ihre Leser suchen nach Lösungen, die schnell und einfach umzusetzen sind. Dass das oft nicht möglich ist, und einige Angelegenheiten nur schwer umzusetzen sind, wird den Lesern bekannt sein. Umso wichtiger ist es, dass Sie dem Leser mit den Überschriften der einzelnen Kapitel das Gefühl geben, das Problem meistern zu können. Vermitteln Sie mit Ihren Unterüber-

schriften nicht direkt notwendige Vorkenntnisse oder langwierige Prozesse. Diese werden die Absatzzahlen Ihres Buches garantiert nicht steigern.

Zur besseren Umsetzung sollten Sie sich direkt über den Nutzen Ihres Buches im Klaren sein, ehe Sie irgendetwas anderes wie den Kapiteltext in Angriff nehmen. Versetzen Sie sich dazu am besten in die Lage des Lesers. Wo liegen seine bzw. ihre Interessen? Was will er oder sie mit dem Kauf des Buches bezwecken? Aber auch die Auflistung von Problemen können den Absatz Ihres Buches fördern. Durch die Betonung der Problemlage wird der Leser gegen dieses Problem angehen wollen. Daneben können Sie auch Schlüsselwörter sinnvoll als Überschrift anwenden. Gerne können Sie auch Muster in Betracht ziehen. Hier einige Beispiele, die Ihrer Kreativität bestimmt auf die Sprünge helfen.

-> Wie Sie [Tätigkeit], um [Nutzen].

-> Wie Sie [Nutzen] und [Nutzen].

-> Warum [Erklärung].

-> Haben Sie schon entdeckt, wie [Nutzen].

-> 3 Wege, um [Tätigkeit].

-> 6 häufige Probleme bei [Tätigkeit].

-> Das Geheimnis [Thema].

-> Ein schneller Weg, um [Nutzen].

-> Was Sie über [Thema] wissen sollten.

-> Die 10 goldenen Regeln für Ihr [Anliegen].

-> Es ist Zeit [Tätigkeit], damit Sie [Nutzen].

7.5 DAS POTENTIAL

Die Autoren von Fachbüchern haben generell den Vorteil, dass hier aktiv gesucht wird. In dem Bereich über die nicht fiktionalen Bücher gibt es grundsätzlich drei Themenbereiche, welche ständig eine deutliche Nachfrage mit sich ziehen. Kombiniert werden diese Lebensbereiche mit einem gewissen Leidensdruck. Und hierunter fallen:

-> Das Aussehen, die Gesundheit, die Fitness

-> Der Wohlstand, der Job, das Geld

-> Die Liebe, die Beziehungen, der Sex

Wenn Sie sich mit Ihrer Thematik also in einem dieser Themenbereiche aufhalten, profitieren Sie von einem großen Vorteil. Dabei sollten Sie sich nicht ausschließlich an den aktuellen Marktdaten orientieren. Nutzen Sie Ihr Expertenwissen und umgehen Sie das oberflächliche und angelesene Schreiben. Schließlich soll Ihr Buch auch gelesen und weiterempfohlen werden, richtig?

Sie sollten jetzt also nicht Ihr bisheriges Skript wegwerfen und ein neues Buch, basierend auf einem dieser Bereiche, schreiben. Auch völlig abgelegene und spezielle Themen haben das Potential eines Bestsellers, sofern Sie das Thema richtig angehen und in die Tiefe gehen. Vermeiden Sie die Wahl eines Themas nach Marktpotential. Wählen Sie das Buch, dessen Thematik Ihnen zusagt und halten Sie all Ihr Wissen mit Spaß an dem Schreiben fest. Schreiben Sie das Buch, welches Ihnen gefällt. So sichern Sie sich einen Erfolg.

7.6 DER UMFANG UND ZEITBEDARF

Diese Aufgabe ist sehr überschaubar. Wenn Sie das Schreiben eines nicht fiktionalen Buches anstreben, können Sie den Umfang sowie den

Zeitbedarf mit den Messgrößen Anzahl der Wörter, Anzahl der Zeichen und Anzahl der Seiten bestimmen. Dazu müssen Sie einfach kalkulieren, was für Werte für Ihr Buch angesetzt werden. Selbstverständlich lässt sich diese Rechnung aber auch auf die fiktionalen Bücher anwenden, hier werden Sie jedoch verhältnismäßig selten mit Vorgaben über den Umfang Ihres Buches konfrontiert.

Die Grundlage bildet eine Normseite (DIN A4) mit 250 Wörtern und 1.500 Zeichen. Mit diesen Angaben des Standards wird weiter kalkuliert.

Ein Fachbuch in Form eines E-Books umfasst dabei eine Mindestanzahl von 2.500 Wörtern. Ein gängiges Taschenbuch mit der Basis 12 cm x 19 cm sollte aus 160 Seiten bestehen, inkl. Titelseite, Leerzeichen etc. Hier kommen Sie folglich auf ca. 40.000 Wörter und 240.000 Zeichen. Je nach Schriftart und Schriftgröße haben Sie die Seitenanzahl entsprechend anzupassen. Bei einem Taschenbuch dieses Formats bietet es sich an, 120 - 160 Seiten aufzubringen.

Jetzt stellt sich an dieser Stelle nun die Frage, wie hoch der Zeitaufwand hinter diesen Seiten ist. Hier können nur grobe Richtwerte gelistet werden. Der tatsächliche Zeitbedarf variiert nämlich von Autor zu Autor und steht auch in Abhängigkeit Ihres Themas. Ihnen wird mit dem Voranschreiten auch gewiss auffallen, dass Sie manchmal schneller und an anderen Stellen langsamer mit dem Schreiben sind. Grundsätzlich können Sie aber mit ca. 25 Stunden bei 10.000 Wörtern rechnen. Bei 15.000 Wörtern werden Sie auf ca. 38 Stunden kommen und für das Erreichen von 20.000 Wörtern können Sie gewiss mit ca. 50 Stunden kalkulieren.

Hinzu kommen die Stunden für die Themen- und Titelfindung, für die Recherchearbeiten, für das Strukturieren, für das Cover, für die Buchbeschreibung, für das anfängliche Marketing usw. Zudem sollten Sie für das Überarbeiten, für das Korrigieren und für das Lektorat mindestens eine Woche einplanen. Am Ende resultieren hieraus definitiv einige Monate Arbeit – wenn Sie täglich eine Stunde in Ihr Buch investieren. Bei einem höheren Zeitansatz pro Tag reduziert sich selbstverständlich der zeitliche Prozess. Es handelt sich hier um ein reines Zahlenspiel. Am besten setzen Sie für Ihr Buch eine feste Routine, inkl. Zeitpunkt und Zeitraum. Anstelle eines Zeitraumes können Sie auch ein Schreibziel festlegen. Probieren Sie, was Ihnen am besten liegt. So bleiben Sie am Ball bzw. in diesem Fall am Werk.

7.7 EMOTIONEN UND LIEBEVOLLER SCHREIBSTIL

Das Wichtigste bei dem Schreiben ist, dass Sie Ihre Leser nie aus den Augen verlieren. Erinnern Sie sich immer wieder daran zurück, was den Leser zu einem Kauf bringt. Was will der Leser lernen? Was möchten Sie ihm oder ihr aneignen? Am besten gliedern Sie Ihr Buch vorab, um den roten Faden nicht zu verlieren.

Besonders für Erstautoren ist es eine Herausforderung, den richtigen Ton zu finden. Es ist wichtig, dass Sie den Leser mit den Emotionen und Ihrem Schreibstil in den Bann ziehen. Er oder sie soll sich mit Ihnen identifizieren können. Dies erreichen Sie am besten, wenn Sie Ihre Leser als Gesprächspartner betrachten.

Schweifen Sie dabei nicht zu sehr von dem Thema ab und führen Sie Praxisbeispiele sowie persönliche Erfahrungen mit in das Gespräch. Schreiben Sie zielorientiert und vertreiben Sie die Langeweile. Lieben Sie Ihr Thema, dies wird sich positiv auf Ihre Leserzielgruppe auswirken. Erzeugen Sie mit einem leidenschaftlichen Text Emotionen. Hinterlassen Sie dabei einfach eine sympathische Verwüstung in den Köpfen Ihrer Leser. Unterhalten Sie den Leser. Bringen Sie z. B. neue Blickwinkel ein. Diese können sowohl lustig als auch genau und ernst gemeint sein. Achten Sie dabei auch auf Ihre Rechtschreibung und Grammatik.

Selbstverständlich können Sie auch all das Genannte ignorieren, wenn sich diese Aktion in der Folge zielgruppenspezifischer auswirkt.

Um gewisse Emotionen auf Ihren Text zu projektieren, können Sie Ihren Aufzug effektiv mit einbeziehen. Da Ihr Äußeres viel über Ihre Persönlichkeit preisgibt – auch bei dem Schreiben sind das Aussehen und der Schreibstil eng miteinander verknüpft. Ihre Körperform verrät, ob Sie faul, reizbar, enthusiastisch, aktiv, passiv, vertrauenswürdig, selbstbewusst, schüchtern etc. sind. Diese Charakterzüge lassen sich schnell auf Ihren Text übertragen. Dies geschieht auch unbewusst und oft ungewollt.

In erster Linie ist es natürlich wichtig, dass Sie sich in Ihrer eigenen Haut wohlfühlen. Vermeiden Sie Kleidung, in der Sie sich eingeschränkt oder fremd fühlen. Anschließend sollten Sie Ihre Kleidung auf Ihr aktuelles Thema abstimmen. Schreiben Sie gerade einen Ratgeber für das Kochen? Dann legen Sie doch eine Schürze an. Wenn Sie ein Sachbuch über die Polizei schreiben, dann setzen Sie doch eine Polizeimütze auf. Diese Aktion soll Ihnen helfen, sich besser in das Geschehen einzufinden und sich mit dem Buch identifizieren zu können. Probieren Sie es doch mal aus.

Zum Schluss können Sie dem Leser eine Zusammenfassung bieten und auch ein Glossar mit Fremdwörtern anhängen. So können Sie sicher sein, dass Ihre Leserschaft Ihrem Geschriebenen ohne weitere Probleme folgen kann. Sie müssen dem Leser die Vorzüge Ihres Buches ans Herz legen. Schließlich könnte dieser auch einfach auf Google zurückgreifen.

7.8 DER GHOSTWRITER

Das Schreiben und das Veröffentlichen beanspruchen eine bestimmte Zeit, ehe Sie davon in Form von Geld profitieren. Wenn Sie gerne Bücher schreiben, das Geld dazu aber zeitnah brauchen, bietet sich Ihnen der

Job als Ghostwriter, auch Auftragsschreiber genannt, an. Hier erhalten Sie für Ihre Tätigkeit als Autor schnell Ihr Geld, jedoch verzichten Sie im Anschluss auf die Verwertungsrechte Ihres Buches. Ihr Name wird also weder auf der Titelseite noch auf dem Bucheinband auftauchen. Sie gestatten dem Auftraggeber, dass er Ihr geschriebenes Buch in seinem Namen veröffentlichen darf. Ihr Name tritt somit nicht an die Öffentlichkeit. Wer also eine öffentliche Anerkennung gewinnen möchte, ist hier falsch. Dann haben Sie als Autor zu fungieren. Und eine solche Vereinbarung kann nicht beanstandet werden. Wenn alle Regeln eingehalten werden, ist das Ghostwriting als Dienstleistung weder rechtswidrig noch strafbar. Entgegen der häufig vertretenden Ansicht ist das Schreiben im Auftrag bei Doktor-, Diplomarbeit u. Ä. durchaus strafbar – als kleiner Exkurs. Sie als Buchautor haben allerdings nichts zu befürchten, sofern Sie die Richtlinien einhalten.

An Aufträge gelangen Sie dabei über einen Verlag oder über eine Agentur, welche Sie auf Freelancer-Plattformen auffinden können. Auch Autoren können einen Ghostwriter beauftragen, wenn sie selbst zu wenig Zeit oder nicht ausreichende Fähigkeiten für das Schreiben eines Buches besitzen. Diese drei Varianten eignen sich besonders, um an verschiedene Projekte zu gelangen. Dabei geben Sie einfach Ihre Schwerpunkte ab und Sie erhalten daraufhin Themenvorschläge für Ihr nicht fiktionales Buch. Die Verwaltung wird Ihnen auch abgenommen. Sie haben einmalig Ihre Daten zu hinterlegen und die Abrechnungen etc. erfolgen über das System. Der Verdienst variiert dabei. Dieser kann in Abhängigkeit des Textumfanges und auch in Bezug auf die Qualität ausgezahlt werden.

Je nach Art und Umfang kann eine Anmeldung eines Gewerbes erforderlich sein. Parallel sollten Sie dennoch zusätzlich an Ihren eigenen Werken basteln, um irgendwann aus der Arbeit des Lohnschreibers herauszutreten und selbstständig werden zu können. Beachten Sie nämlich auch, dass Sie hier keinen festen Arbeitsvertrag erhalten. Dies ist eher selten der Fall.

7.9 DER RESULTIERENDE VERDIENST

Wie Sie bereits in Erfahrung gebracht haben, sind mit dem Schreiben ein hoher Zeitaufwand sowie ein großer Kostenaufwand verbunden. Zu den vorläufigen Kosten gehören:

Schreibprogramm: 179,00 EUR

Lektorat: 1.280,00 EUR (Grundlage: 320 Seiten * ca. 4,00 EUR pro Seite)

Buchcover: 280,00 EUR

Marketing u. Werbung: 240,00 EUR (Für Anzeigen in den sozialen Medien, Gewinnspiele uvm.)

In der Summe sind dies dann knapp 1.800,00 EUR.

Die Kosten variieren dabei je nach Seitenlänge, je nach Lektorat und je nach Aufwand in Bezug auf das Design des Buchcovers. Auch in dem Bereich des Marketings müssen Sie entscheiden, wie viel Werbung Sie auf welchem Wege betreiben möchten. Auch auf ein Schreibprogramm können Sie verzichten, indem Sie z. B. auf kostenfreie Programme wie Word zurückgreifen. Es handelt sich hierbei um eine grobe Kalkulation.

Wenn es später um die Veröffentlichung geht, kommen hier weitere Kosten hinzu. Dazu gehören u. a. die Beantragung einer ISBN, die Anmeldung bei dem Finanzamt (Steuern), der Buchdruck, die Versandkosten uvm.

Aber machen Sie sich keinen Kopf. Sie werden von dem Schreiben eines Buches definitiv profitieren. Ich werden Ihnen an dieser Stelle einen kleinen Einblick auf die zukünftige Veröffentlichung geben. Weiter in die Tiefe gehen wir in dem nächsten Kapitel „8. Die Veröffentlichung des Buches“. Wenn Sie ein Buch veröffentlichen, können Sie frei entscheiden, ob Sie sich für einen Verlag oder für das Self-Publishing entscheiden. Ziehen Sie einen Verlag in Betracht, so werden Preise vorgegeben. Dabei bekommen Sie mit jedem Verkauf einen Gewinn. Bei dem Publishing haben Sie die Wahl des Marktpreises in der Hand. Sie können den Verkaufspreis frei kalkulieren.

Bei beiden fallen die Kosten und der Gewinn pro Buch unterschiedlich aus. Sie können kalkulieren, ab welcher Absatzmenge Sie Ihren Aufwand wieder rausholen. Schauen Sie hierzu auch gerne in das Kapitel „8.3.4 Self-Publishing vs. Verlag“.

8. Die Veröffentlichung des Buches

Es ist so weit: Ihr Buch ist vollbracht. Gemeinsam haben wir den Prozess von der Ideenfindung bis hin zu dem Beenden des Schreibprozesses bearbeitet. Sie sind stolz auf Ihr Werk. Das ist wichtig. Nun ziehen Sie eine Veröffentlichung in Betracht, richtig? Nun, dabei sollten Sie diesen Prozess auf keinen Fall unterschätzen.

Es ist nicht so leicht, ein Buch herauszugeben. Und ehe Sie Ihre wundervolle Lektüre in der Öffentlichkeit präsentieren, sollten Sie sich Informationen über die Veröffentlichung nahelegen, damit Sie wissen, was auf Sie zukommen wird. Grundsätzlich haben Sie die Wahl zwischen der Veröffentlichung über einen Verlag und der Veröffentlichung als Self-Publisher. Wo liegen jeweils die Vorteile und wie hoch sind die zu erwartenden Kosten?

Beide Varianten werden wir erarbeiten und am Ende werden Sie sich für eines entscheiden müssen. Wie werden Sie sich entscheiden? Wir werden es herausfinden. Dazu nehme ich Sie an die Hand. Am Ende jedoch treffen Sie allein die Entscheidung und Sie werden dabei ein gutes Gefühl haben.

Nun haben Sie aber auch noch Überlegungen in Bezug auf den Zeitpunkt der Veröffentlichung zu machen. Vermutlich ist der beste Zeitpunkt der Veröffentlichung der Moment, in dem Sie bereit sind, Ihr Buch mit der Öffentlichkeit zu teilen. Die einzige Ausnahme besteht, wenn zuvor ein sehr ähnliches Buch veröffentlicht wurde, welches in Hinblick auf Ihr Werk vorrangig sein könnte. Wenn Sie sich unsicher sind, gibt es natürlich auch Aspekte, die Sie eventuell berücksichtigen möchten.

Besonders zu Weihnachten und zum Neujahr hin werden viele Bücher abgesetzt. Die Menschen suchen Geschenke und sind in einer Aufbruchstimmung. Die Themenschwerpunkte liegen dabei bei Kochbüchern, Bestsellern, Bastelbüchern und bei Büchern für Kinder.

Auch die Sommerferien sind angesagt. Die Leser suchen eine geeignete Lektüre für ihren Urlaub. Hier und auch im Frühling lesen die Menschen gerne Biografien und Komödien. Später verschiebt sich die Präferenz auf die Genres Horror und Mystery. Auch Feiertage können ausschlaggebend sein. So werden um Valentinstag herum tendenziell gerne Liebesgeschichten gelesen. Beachten Sie hier die Zeit, die Sie für das Marketing und für die Bekanntmachung brauchen. Buchverkäufe lassen sich jedoch nur schwer vorhersagen. Es handelt sich hierbei nur um Prognosen. Deshalb wiederhole ich mich noch einmal: Der beste Zeitpunkt der Veröffentlichung ist der Moment, in dem Sie bereit sind, Ihr Buch mit der Öffentlichkeit zu teilen.

8.1 DAS PLAGIAT

Zu einem bestimmten Thema hat jeder Mensch seine eigenen Gedanken. Werden diese niedergeschrieben, so handelt es sich folglich um ein niedergeschriebenes geistiges Eigentum, welches unter dem Urheberrecht steht. D. h., dass es ohne eine eindeutige Zustimmung des Urhebers nicht genutzt werden darf. Bei einem Diebstahl eines geistigen Eigentums spricht man von einem Plagiat. Dabei werden Werke unrechtmäßig nachgeahmt oder sogar veröffentlicht. Auch wenn in dem Internet alles, was frei zugänglich ist, auch kostenlos ist, kann es hier zu einem Plagiat kommen. Denn auch hier ist das Kopieren ein Plagiat und dieser Irrtum kann in der Folge teuer für Sie werden. Des Weiteren wartet hier viel Ärger auf Sie. Und diese übertreffen definitiv die Vorzüge des Kopierens.

Um ein Plagiat zu vermeiden, sollten Sie nicht ausschließlich in dem Internet recherchieren. Greifen Sie stattdessen auch gerne auf die Bücher einer Bibliothek zurück. Wichtig ist, dass die Quellen und der Fundort notiert werden. Bei der Anwendung von Argumenten, Ideenkomplexen und Gedankengängen anderer Urheber haben Sie dies zu vermerken. Darüber hinaus sollten Zitate neben der Kennzeichnung der Quelle zwingend mit Anführungsstrichen vermerkt werden.

Mögliche Plagiate können Sie bei dem Durchlesen Ihrer Texte ausmachen. Plötzliche Differenzen in der Ausdrucksweise und Unterschiede in der Formatierung können auf einen Diebstahl des geistigen Eigentums hinweisen. Daneben können Sie eine Software in Erwägung ziehen. Dabei wird bei der Prüfung Ihr Buch mit Milliarden von Quellen abgeglichen und bietet somit am Ende einen bestmöglichen Schutz vor einem Vorwurf des Plagiats. Die Ergebnisse der Prüfung erhalten Sie binnen von Minuten.

8.2 DER VERLAG

Die erste Möglichkeit, die sich Ihnen bietet, ist eine Veröffentlichung Ihres Buches über einen sogenannten Verlag. Grob zusammengefasst erwirbt ein Verlag Manuskripte, um hieraus ein Druck-Erzeugnis herzustellen und um diese an den Buchhandel zu verkaufen. Hier entsteht also ein Buch aus den hand-, maschinen- oder computergeschriebenen Seiten. Zudem werden die Übertragungen der Rechte über Verträge mit den Autoren ausgehandelt. In der Regel erwirbt der Verlag dabei ausschließlich das Nutzungsrecht an dem Buch des Autors. Im Gegenzug sorgt er für die Herstellung, den Druck und die Finanzierung. Außerdem kümmert sich der Verlag um die Werbung sowie um den Vertrieb.

Das Verlagswesen gibt es mit der Erfindung und Verbreitung des Buchdruckes. Mit dem Laufe der Zeit haben sich verschiedene Sparten zu eigenen Verlagsarten gebildet. So gibt es Verlage für Bücher, Filme, Zeitschriften, Kunst, Musik, Spiele uvm. Des Weiteren beschäftigen wir uns mit dem Verlag für die Bücher, auf die weiteren Verlage wird an dieser Stelle nicht weiter eingegangen. Die größten Buchverlage in dem deutschsprachigen Raum sind „Springer Nature" (Berlin), „Verlagsgruppe Random House" (München), „Georg Westermann Verlag" (Braunschweig), „Klett Gruppe" (Stuttgart) und „Cornelsen Bildungsgruppe" (Berlin).

Zu dem Buchverlag gehören hierbei konkret das Lektorat, die Herstellung, der Vertrieb und die Presseabteilung. Diese Abteilungen arbeiten eng zusammen und sind auch nach außen hin gut miteinander vernetzt, und zwar mit Buchhändlern, Druckereien uvm.

Auch in dem Zusammenhang mit Buchmessen agieren die Verlage. Eine Buchmesse informiert in dieser Hinsicht über den jeweiligen Buchmarkt. Sie findet statt für die Verlage, für den Buchhandel, für die Autoren, für die Literaturagenten, für die Journalisten und natürlich auch für die Allgemeinheit. Dabei geht es in erster Linie um den Handel mit Lizenzen und Rechten, sie dienen aber auch als Informationsmesse. Mit Vorträgen, Lesungen, Diskussionen und Events werden die jeweiligen Bücher den Besuchern vorgeführt. Sicherlich kennen Sie die „Frankfurter Buchmesse" oder die „Leipziger Buchmesse". Dies sind die größten und bekanntesten Buchmessen in Deutschland.

8.2.1 Das Lektorat

Legen Sie viel Wert auf die Rechtschreibung, Grammatik und Zeichensetzung. Ihr Buch kann noch so spannend sein – das Vergnügen kann durch Ihre Ausdrucksweise negativ beeinflusst werden. Aus diesem Grund sollten Sie für die sprachliche Seite ein Korrektorat in Betracht ziehen, welcher die Fehlerlosigkeit Ihres Buches garantiert. Zur Korrektur ist ein Lektorat zu empfehlen. Hierbei handelt es sich um einen

Verlag oder eine Werbeagentur, die auf Textkorrekturen spezialisiert ist. Geprüft werden darüber hinaus auf Manuskripte oder auch das Publikationsmarketing. Viele Angebote finden Sie auf dem Markt des Self-Publishings. Wenn die Arbeit ordentlich durchgeführt wird, wird entsprechend auch ein Honorar verlangt. Dieses sollte mit der Leistung übereinstimmen. Führen Sie hier am besten mehrere Vergleiche mit unterschiedlichen Angeboten durch, dessen Preis-Leistungs-Verhältnis zutreffend ist.

Wenn Sie dieses Geld nicht aufbringen können, dann lassen Sie Ihre Familie und andere Bekannte über Ihr Werk lesen. Sie haben die Reflexion anzunehmen und umzusetzen. Nehmen Sie die Kritik nicht zu persönlich, schließlich will man Ihnen helfen und bedanken Sie sich für die Mühe Ihrer Korrekturleser.

8.2.2 Finden eines Verlags

Für die Präsentation Ihres eigenen Buches ist ein zuverlässiger Verlag mit einem guten Ruf von großer Bedeutung. Schließlich weiß solch einer, was bei der Vermarktung zu beachten ist und wie eine erfolgreiche Sicherung des Buches zwischen den vielen anderen Büchern auf dem Markt zustande kommt. Aus diesem Grund haben auch Sie sich Gedanken über den Weg der Veröffentlichung zu machen. Suchen Sie nach Kriterien, die Ihnen wichtig sind und überlegen Sie sich, welcher Verlag für Ihr Buch am besten geeignet ist.

-> Die Richtweisen für Ihre Entscheidung können die Zuverlässigkeit und das Engagement sein, welche von dem Verlag ausgehen. Denn nicht alle Verlage sind darauf aus, z. B. junge Autoren zu unterstützen. Ein seriöser Verlag veröffentlicht dabei das von Ihnen geschriebene Buch, ohne Druckkosten zu verlangen. Auch die Kalkulationen im Zusammenhang mit verschiedenen Leistungen wie die Werbung sind frei. Legen Sie Wert auf einen konstanten Ansprechpartner, der Sie zu jeder Zeit berät.

Am besten einer, der mit Ihrem Genre mitfiebert. Der Autor wird ernst genommen und respektvoll behandelt, um eine harmonische Zusammenarbeit garantieren zu können. Schließlich möchte der Verlag seinen guten Ruf genießen.

-> Auch das Genre ist für Ihre Wahl entscheidend. Die unterschiedlichen Verlage konzentrieren sich häufig auf bestimmte Kategorien in dem Bereich der Genres. Größere Verlage umfassen dabei einen umfangreicheren Themenbereich. Für gewöhnlich ist es aber nicht schwer, den entsprechenden Verlag mit den dazugehörigen Spezialisten zu finden. Machen Sie sich über Homepages ein genaues Bild von dem Dienstleister und dem jeweiligen Angebot und stellen Sie sich denen vor Ort gerne persönlich vor.

-> Ehe Sie einen Vertrag mit dem Verlag eingehen, sollten Sie die Vollständigkeit der Vorgaben einhalten. Bewerben Sie sich dazu mit einer Textprobe, einem Lebenslauf, einem Anschreiben, einer Auflistung mit allen Ihrer bisher veröffentlichten Werke und mit einer kurzen Inhaltsangabe. Auch ein Manuskript wird gerne verlangt. Oft ist eine Bewerbung an kleinere Verlage von Vorteil, da größere oftmals sehr ausgeschöpft sind und gerne auf Autoren mit Erfahrungen zurückgreifen. Häufig fehlt auch die Zeit zur genauen Auseinandersetzung mit Ihren eingesendeten Dateien, sodass diese schnell zur Seite gelegt und nicht weiter beachtet werden. Unabhängig davon, wie hochwertig Ihr Buch auch ist. Sie werden nach einigen Wochen oder Monaten eine Absage erhalten, welche überflüssig ist. Probieren Sie sich also erst einmal an einem kleinen Verlag oder Sie bewerben sich zeitgleich bei einem großen und einem kleinen. Das wäre eine gute Alternative.

-> Setzen Sie sich mit den Wertvorstellungen Ihres Dienstleisters auseinander. Diese sollten mit Ihren Ansprüchen übereinstimmen und eine maximale Unterstützung garantieren. Eine langfristige Zusammenarbeit wird hier in Aussicht gestellt. Diese funktioniert lediglich dann, wenn beide Parteien von den gleichen Vorstellungen leben und miteinander harmonieren. Dies garantiert Ihnen einen zukünftigen Bucherfolg.

-> Letzten Endes sind vor allem Ihre persönlichen Vorstellungen gefragt. Wie sieht es aus? Wollen Sie z. B. ein Mitspracherecht erhalten? Wo liegt Ihre Schmerzgrenze in Bezug auf die Kosten? Worauf legen Sie Wert? Setzen Sie sich mit allen Punkten auseinander. Gehen Sie tief in sich, ehe Sie sich auf einen Verlag festlegen und den Vertrag unterschreiben.

8.2.3 Das Exposé – die Inhaltsangabe

Ein Exposé ist eine vorausschauende Inhaltsangabe von einem literarischen Werk und stellt die Grundidee sowie den groben Verlauf der Handlung vor. Diese Angabe des Inhalts geht meist nur über einige Seiten und enthält keine Dialoge und Einzelheiten. Die Hauptfiguren werden skizziert und die thematische Grundlinie wird wiedergegeben. Im Verlagswesen spielt das Exposé eine große und entscheidende Rolle, denn anhand dieser Unterlagen wird entschieden, ob das Buch in die Planung mit aufgenommen werden soll. Da wollen wir doch gleich mal weiter in die Details gehen.

Ein Exposé wird in die drei Phasen unterschieden: Einleitung, Hauptteil und Schluss. Die Ausgangsposition beschreibt die ausgehende Situation und führt die jeweiligen Hauptcharaktere ein. Auch die Umstände der Verwicklungen werden hier aufgegriffen. Dann geht es zu dem Mittelteil über. Hier werden die Verwicklungen im Einzelnen ausgeführt und bis hin zu der Krise (Höhepunkt) getrieben. Der letzte Part umfasst die Entwirrung. Hier soll die Lösung enthalten sein.

Für diese Einteilung ist es Ihnen überlassen, ob Sie vor dem Schreiben einen guten Handlungsaufriss in Angriff nehmen oder ob Sie lediglich die entscheidenden Phasen der Handlung notieren. Generell sind also keine festen Regeln hinterlegt. Wichtig ist, dass das Schriftstück überzeugt, weshalb dieses bis zur Veröffentlichung viel Zeit und Überlegungen in Anspruch nimmt.

Neben der Handlungsdarstellung sind weitere Inhalte relevant. Dazu zählen:

-> Ihr Name, Ihre Adresse sowie die Kontaktinformationen.

-> Der Titel Ihres Buches.

-> Das Pseudonym (= der Autorenname für die Veröffentlichung).

-> Das Genre.

-> Der Umfang in Bezug auf die Anzahl der (geplanten) Normseiten.

-> Die spezifische Zielgruppe.

-> Der Abstrakt (= knappe Zusammenfassung der Handlung in max. 3 Sätzen).

-> Die Inhaltsangabe (Einleitung, Hauptteil, Schluss).

-> Die Hauptfiguren inkl. der Entwicklung.

Achten Sie aber darauf, dass Sie alles auf 2 bis 3 Seiten zusammenfassen. Wird das Dokument zu lang, so ist es nicht abwegig, dass Ihre Unterlagen bei dem Verlag ungelesen bleiben.

8.2.4 Der Literaturagent

Gerade für angehende Autoren ist es eine Herausforderung, das erste eigene Buch in einem Verlag unterzubringen. Schließlich haben Sie Fremde von Ihrem Werk zu überzeugen. In diesem Zusammenhang kommt sicherlich auch die folgende Frage auf: Soll ich mich an eine Literaturagentur wenden? In diesem Abschnitt wird auf die Arbeit der

Dienstleister und auch auf eine mögliche Zusammenarbeit eingegangen. Doch beginnen wir erst einmal mit der Definition.

Der Agent ist zugleich Dienstleister und Vermittler. Er macht Gebrauch von seinen Kontakten zu den unterschiedlichen Verlagen und hilft Ihnen, Ihr Manuskript zu veröffentlichen. Wenn Sie einen Literaturagenten heranziehen, steigen Ihre Chancen, dass der Verlagslektor auf Ihr Buch aufmerksam wird. Und im Zuge dessen steigen auch die Chancen auf eine Veröffentlichung. Zudem kann der professionelle Dienstleister viel bessere Verträge aushandeln. Doch dazu haben Sie in erster Linie den Agenten von einer Zusammenarbeit zu überzeugen. Denn dieser tritt nur mit vielversprechenden Büchern an den Verlag heran. Aber um eine Zusammenarbeit zu bezwecken, haben Sie zunächst die Arbeitsweise des Vermittlers zu verstehen.

Der Literaturagent arbeitet auf einer Provisionsbasis und wird erst nach einer erfolgreichen Vermittlung eine Bezahlung von Ihnen verlangen. Die Provision umfasst durchschnittlich 15 bis 20 Prozent. Eine Lesegebühr und ein kostenpflichtiges Lektorat sind nicht üblich, denn das Geld fließt ausschließlich von dem Agenten zu dem jeweiligen Autor. Ausnahmen gibt es nicht. Da der Dienstleister ausschließlich von einer Provision profitiert, wird verständlicherweise eine ausgiebige Prüfung vorgenommen. Die einzureichenden Unterlagen sind dabei dieselben wie die, die ein Verlag von Ihnen verlangen würde.

Hierzu gehören das Anschreiben, das Exposé und die Leseprobe. Einige verlangen darüber hinaus eine Autorenvita. Diese Dokumente sollten von Ihnen sorgfältig ausgearbeitet sein und an den Erwartungen des Agenten angepasst sein. Auch das Genre sollte angepasst sein. Diese Informationen können Sie einfach auf der jeweiligen Internetseite nachlesen. Wenn Sie sich im Voraus gut informieren, sparen Sie sich Zeit und Aufwand und Sie werden sich besser präsentieren können.

Verschiedene Verzeichnisse in Bezug auf die Literaturagenten finden Sie online sowie auch offline.

Ein Agent ist auf jeden Fall an einer längeren Zusammenarbeit interessiert. Wenn Ihr erstes Werk einen Erfolg aufweisen wird, dann haben Sie bereits einen Partner für die Veröffentlichung eines weiteren Buches auf Ihrer Seite. Denken Sie in diesem Sinne auch immer an Ihre Zukunft als Schriftsteller.

8.2.5 Verdienst und Kosten

Zu Beginn fallen vorläufige Kosten an. Es beginnt dabei mit dem Kaufen der Programme für das eigentliche Schreiben, über das Korrektorat, bis hin zu dem Marketing. Beginnen wir nun mit der Abrechnung der vorläufigen Kosten:

Schreibprogramm: 179,00 EUR

Lektorat: 1.280,00 EUR (Grundlage: 320 Seiten * ca. 4,00 EUR pro Seite)

Buchcover: 280,00 EUR

Marketing u. Werbung: 240,00 EUR (Für Anzeigen in den sozialen Medien, Gewinnspiele uvm.)

In der Summe sind dies dann knapp 1.800,00 EUR.

Die Kosten variieren dabei je nach Seitenlänge, je nach Lektorat und je nach Aufwand in Bezug auf das Design des Buchcovers. Auch in dem Bereich des Marketings müssen Sie entscheiden, wie viel Werbung Sie auf welchem Wege betreiben möchten. Auch auf ein Schreibprogramm können Sie verzichten, indem Sie z. B. auf kostenfreie Programme wie Word zurückgreifen. Es handelt sich hierbei um eine grobe Kalkulation.

Für die Ermittlung der Kosten für den Druck können Sie einen Buchpreisrechner aus dem Internet raussuchen. Entscheidend sind dabei der

Buchtyp, die Größe, die Farbe, die Ausführung des Umschlages, die Seitenzahlen uvm. Viele Druckunternehmen bieten an, dass Sie keinerlei Kosten zu tragen haben. Sobald Sie mit dem Verkauf beginnen, wird neben den Versandkosten und den Steuern eine Provision abgezogen. Der Verlag verdient somit nur Geld, wenn Sie es tun. Ihre Marge, sprich Ihr Gewinn, entspricht je nach Druckauflage und Verlag ca. 50 Prozent. Der Verkaufspreis dabei wird fix angelegt.

Angenommen, Ihr Buch geht mit einem Preis von 9,99 EUR auf dem Markt ins Rennen. So erhalten Sie je nach Verlag vermutlich pro Buch einen Gewinn von ca. 5,00 EUR. Ab einer Auflage von bereits 360 Büchern sind alle Ihre Kosten gedeckt.

Hier noch ein kurzer Vermerk: Vergessen Sie nicht die Steuernummer! Da Sie mit Ihrem Buch Geld verdienen werden, ist eine Anmeldung der Tätigkeit bei dem Finanzamt erforderlich!

8.3 DAS SELF-PUBLISHING

Das Self-Publishing, auch bekannt als Selbst- oder Eigenverlag, meint die Veröffentlichung eines reproduzierbaren Werks durch den jeweiligen Autor selbst. Dieser wird dann zu dem Selbstverleger (Self-Publisher). Im weiteren Sinne bezeichnet der Begriff die Selbstfinanzierung einer Selbstpublikation. So hat der Selbstverleger die Kosten, z. B. in dem Zusammenhang mit der Druckerei, selbst vorzulegen. Auch ein Lektorat muss selbst beschaffen werden und die Öffentlichkeitsarbeit selbst durchgeführt werden. Im Gegenzug sind keine Rechte abzugeben.

Dem Autor bietet sich die Möglichkeit, die Herstellung und den Vertrieb im eigenen Namen zu tätigen und kann so seinen Namen auch in dem Selbstverlag aufführen. Dieser Verlagsname kann dabei auch auf marktrechtlich ungeschützte oder noch nicht genutzte Bezeichnungen zurückgeführt werden, sodass nicht zwingend ausschließlich der Name des Autors vorzufinden ist.

Letzten Endes sind die Gründe vielfältig, die für ein Self-Publishing sprechen. Die Faktoren sind dabei abhängig von dem Autor und den Umständen. In Bezug auf das Rechtliche: Bei einer Übertragung des Urheberrechts auf jemand anderen erlischt das Selbstverlagsrecht für die Dauer und im Umfang der jeweiligen Übertragung. Im Falle eines Eigen- und Selbstverlages haben Sie als Autor und Urheber für die Herausgabe und für den Verkauf im Gegensatz zu einem Verlag kein Gewerbe anzumelden. Dies bestätigt die Wirtschaftskammer Österreich (WKO).

„Die Ausübung des Selbstverlages der Urheber ist genauso wie die literarische Tätigkeit und die Ausübung der schönen Künste aus dem Geltungsbereich der Gewerbeordnung ausgenommen. Diese Tätigkeiten benötigen somit gemäß § 2 Abs.1. Ziff.7 GewO 1994 keine Gewerbeanmeldung.“ [28].

Die heutige WKO, früher Bundeskammer der gewerblichen Wirtschaft / Bundeswirtschaftskammer, ist ein Bestandteil des öffentlichen Rechtes. Das öffentliche Recht ist das Verhältnis zwischen dem Staat und dem Bürger. Hier in der WKO werden die Tätigkeiten der Landeskammern koordiniert. Somit handelt es sich um eine gesetzliche Interessenvertretung der gewerblichen Wirtschaftsbetreibenden.

8.3.1 Tipps für das Marketing – das Cover Ihres Buches

Die Grundlage des Marketings ist ein großartiger Buchumschlag. Sie wissen selbst, wie ausschlaggebend das Cover eines Buches ist. Weckt es das Interesse, so greift der Kunde schneller zu dem Buch. Doch was genau sind die Richtlinien einer erfolgreichen Aufmachung? Und wie finden Sie einen Kunstdesigner für Ihr Buch?

Beginnen wir mit der Beantwortung der zweiten Frage. Wie findet man einen Kunstdesigner für das eigene Buch? Nun, hier bieten sich etliche Möglichkeiten. Sie können bei der Kunstorganisation Ihrer Gemeinde nach einem Entwurf für Ihr Buchcover fragen. Aber auch in dem Internet werden Sie Angebote einholen können. Viele Menschen haben sich auf dieses Gebiet spezialisiert und Sie werden auf jeden Fall auf mehrere Ergebnisseiten stoßen. Gehen Sie hierbei wie folgt vor, um sicherzustellen, dass Sie auf einen Erfolg hinarbeiten.

Nehmen Sie zu dem Designer den Kontakt auf und fragen Sie nach Informationen. Bereits auf der Website können gewiss einige Ihrer Fragen geklärt werden. Wie sind die Empfehlungen? Hat der Künstler viele Stammkunden? Werden all Ihr Fragen geklärt? Haben Sie Cover gesehen, dessen Design Sie in den Bann zieht? Wie lang ist die Bearbeitungszeit? Erfolgen weitere Überarbeitungen? Ist der Künstler in der Lage, weitere Elemente wie z. B. Banner zu erstellen? Wie und wann erfolgt die Zahlung? Es ist entscheidend, dass Sie Ihrem Designer vertrauen und dass Sie sich auf ihn oder sie verlassen können. Auch ein angemessenes Arbeitstempo und geeignete Preise sind zu berücksichtigen.

Sie können aber auch den umgekehrten Weg einschlagen. Suchen Sie dazu in dem Internet nach Büchern mit einem Cover, welches auf Ihren Geschmack und auf das Genre zutrifft. Welches Design wäre für Ihr Projekt geeignet? Wenn Sie ein Buchcover gefunden haben, welches Sie überzeugt, können Sie sich im Anschluss an die Webmaster wenden und nach dem Ursprung des Designs fragen. Sie werden überrascht sein, wie viele Menschen bereit sind, diese Informationen mit Ihnen zu teilen.

Wichtig dabei ist nur, dass Sie sich auf einer angenehmen Art und Weise Ihrem Gegenüber vorstellen. Seien Sie dabei offen und ehrlich. Wenn es vorkommen sollte, dass der Cover-Designer nicht offengelegt wird, dann halten Sie doch nach weiteren Webmastern Ausschau. Sie werden erfolgreich sein. Dieses Ausschauhalten nach bisherigen Covers verspricht Ihnen eine gute Qualität. Bei der reinen Internetrecherche können Sie die Künstler nur schwer auf ihr Talent einschätzen. Und selbst die talentiertesten Designer schaffen es nicht zwingend, Sie mit einem Cover zu überzeugen. Schließlich muss es am Ende Ihnen gefallen und Geschmäcker sind bekanntlich verschieden.

Kommen wir nun zurück auf die erste Frage, welche ich zu Beginn des Kapitels aufgegriffen habe: Was sind die Richtlinien einer erfolgreichen Aufmachung? Bis zu einem gewissen Grad geben Sie die Zügel Ihres Covers an den von Ihnen gewählten Designer ab. Dennoch haben Sie hier mitzuwirken, schließlich muss das Cover besonders Ihnen gefallen. Künstler kennen bei dem Designen den herausragenden Faktor. Manchmal reicht hier die Einfachheit aus. Sie benötigen nicht zwingend komplizierte Abbildungen. Wichtig ist, dass sich das Kunstwerk später nicht in den Hintergrund Ihrer Website einfügt. Es muss hervorstechen und wahrgenommen werden. Auch der Titel muss sichtbar sein. Die Menge an abgebildeten Wörtern ist Ihnen überlassen, übertreiben Sie es jedoch nicht, sonst schrecken Sie noch Ihre Leser ab.

Nach einem Blick auf das Cover sollten sich der Titel und das Cover bei dem Betrachter eingeprägt haben, dann ist ein Erfolg garantiert. Machen Sie sich ausgiebig Gedanken um die Farben in dem Design. Viele Farben sind hübsch, fallen aber nicht so sehr auf wie ein voller Ton. Drei verschiedene Farben sind ein guter Richtwert. Anders sieht es aus, wenn Sie bereits mit dem Cover eine bestimmte Botschaft übermitteln wollen, möglicherweise sind dann eine Farbe oder viele Farben ausschlaggebend. Es muss mit Ihrem Buchinhalt übereinstimmen und an die Leserzielgruppe angepasst werden.

Für Ihre Schriftzüge können Sie auf standardisierte Schriftarten zurückgreifen. Dies erleichtert das Entschlüsseln der Buchstaben. Sprechen Sie sich in jedem Fall mit Ihrem Künstler ab. Dieser hat Erfahrungen in diesem Bereich. Zusammen können Sie ein einmaliges Cover für

Ihr Buch kreieren. Zu Ihrer Überzeugung und zur Überzeugung Ihrer Leser.

Weiter zu dem Marketing: Ihr Buchcover ist genial und haut alle um. Aber wie genau schaffen Sie es nun, Ihr Buch auf dem Ranking ganz oben zu platzieren und erfolgreich zu verkaufen?

Um Ihr Buch zu verkaufen, müssen Sie das Buch in den Fokus der Aufmerksamkeit Ihrer Leserzielgruppe bringen. Ihr Buch muss sichtbar werden, damit es nicht in der Menge an Büchern untergeht. Und das passiert gewiss nicht von allein. Sie haben Werbung zu machen. Nutzen Sie dazu die sozialen Medien, um Ihr Werk vorzustellen. Dazu können Sie auch einen neuen Account anlegen. Daneben können Sie Ihr Buch für die Suchmaschine optimieren. Verwenden Sie dazu in Ihrer Buchbeschreibung Schlüsselwörter. Auch Verlinkungen, die in dem Internet auf Ihr Buch zurückführen, sind effektiv. Dazu können Sie z. B. eine Homepage erstellen.

Preisaktionen können helfen, Ihr Buch in das Ranking aufsteigen zu lassen. Die Schnäppchenjäger verbessern Ihr Verkaufsranking und somit auch die Sichtbarkeit Ihres Werks. Auch Gratisaktionen haben diesen Effekt. Aber auch für solche Aktionen müssen Sie werben. Weiter können Sie Ihr Buch offline in Zeitschriften oder in dem Radio bekannt machen. Besonders erfolgreich bei der Veröffentlichung sind Autoren, die mehrere Werke publizieren. So bauen Sie sich eine Leserschaft auf, die ständig wächst. Also: Schreiben Sie immer wieder neue Werke!

Weitere Details werden im Kapitel „8.4 Die sozialen Medien“ aufgegriffen.

8.3.2 Die Beantragung der ISBN

Als Self-Publisher werden Sie früher oder später über diese Begrifflichkeit stolpern: Die ISBN. Die Abkürzung steht für „Internationale

Standard Buch Nummer“. Die ISBN identifiziert somit Ihr Buch mit einer einmaligen 13-stelligen Ziffer (vor 2007: 10-stellig). Erfasst werden in dieser Ziffernreihenfolge der Verlag, der Titel und das Land der Veröffent-lichung. Hier zur Verdeutlichung ein Beispiel: ISBN 000-0-00000-000-0. Die ersten drei Ziffern geben die Art des Produktes an. Danach folgen bis zu fünf Ziffern, die das Land der Veröffentlichung festhalten. Es folgt das Registrantenelement, stehend für den Verlag. Das Publikationselement steht für die jeweilige Ausgabe und das Format des Titels. Am Ende folgt eine einzelne Ziffer, die der Prüfung dient. Diese Prüfziffer erkennt Eingabe und Lesefehler. Hierfür liegt eine Formel vor, die an dieser Stelle jedoch nicht weiter ausgearbeitet wird. Vielleicht traten Sie auch schon in Kontakt mit der ASIN. Die „Amazon Standard Identification Number“ ist ein eigenes Identifizierungssystem bei Amazon. Im Gegensatz zur ISBN ist diese allerdings nicht einmalig.

Die internationale Standardbuchnummer dient der Produkterkennung. Diese wird gebraucht in Buchhandlungen und bei Bestellungen. Jedes Buch kann mit einer solchen Nummer ausgestattet werden, sogar für einzelne Kapitel kann die ISBN als Identifikator angewendet werden. Die ISBN sollte immer vom Herausgeber beantragt werden. Für die Verwendung wird der Verlag verantwortlich sein. Die internationale Standardbuchnummer ist dabei jedoch keine Form des Rechts- oder Urheberrechtsschutzes. Sie brauchen also nur eine ISBN, wenn Sie planen, Ihr Buch an die Öffentlichkeit zu bringen und es in Zukunft verbreiten wollen. Nur so kann Ihr Buch später in dem Handel identifiziert werden und in das „Verzeichnis lieferbarer Bücher (VLB)“ eingetragen werden.

Einen Barcode wird Ihnen von dem Verlag oder von Plattformen des Self-Publishings (z. B. BoD, Bookrix, Neobooks) kostenlos zur Verfügung gestellt. Die ISBN gehört dann jedoch dem Anbieter. Wenn Sie also z. B. den Verlag aus unterschiedlichen Gründen wechseln, müssen Sie sich eine neue ISBN zuordnen lassen. Wenn Sie Ihr Buch allerdings privat drucken lassen wollen, haben Sie den Barcode zusammen mit der ISBN zu kaufen. Hier in Deutschland erhalten Sie die internationale Standardbuchnummer von der ISBN Agentur (MVB GmbH). Die Kosten stehen dabei in Abhängigkeit zu Ihrem Wohnsitz. Eine einzelne ISBN kostet dabei in Deutschland ca. 70,00 EUR. Wenn Sie ein Paket, bestehend aus 100 ISBN-Nummern kaufen, zahlen Sie ca. 220,00 EUR. Bedenken Sie dabei auch, dass Sie für jede Art des Buches (Paperback, Hardcover, Hörbuch, E-Book) eine eigene ISBN brauchen. Schließlich haben Sie gelernt, dass die ersten drei Ziffern für diese Variante ausschlaggebend sind. Bei dem Vornehmen kleiner Änderungen wie das Eliminieren von Rechtschreibfehlern haben Sie keine neue internationale Standardbuchnummer zu beantragen. Nehmen Sie allerdings starke Änderungen vor, müssen Sie diese gegenüber Ihrer Leserschaft kenntlich machen. Denn dann handelt es sich um ein neues Werk, für das Sie eine neue ISBN brauchen.

8.3.3 Verdienst und Kosten

Wie auch bei der Veröffentlichung eines Buches über einen Verlag fallen auch in dem Bereich des Self-Publishings Kosten an. Es beginnt dabei mit dem Kaufen der Programme für das eigentliche Schreiben, über das Korrektorat, bis hin zu dem Marketing. Beginnen wir nun mit der Abrechnung der vorläufigen Kosten:

Schreibprogramm: 179,00 EUR

Lektorat: 1.280,00 EUR (Grundlage: 320 Seiten * ca. 4,00 EUR pro Seite)

Buchcover: 280,00 EUR

Marketing u. Werbung: 240,00 EUR (Für Anzeigen in den sozialen Medien, Gewinnspiele uvm.)

In der Summe sind dies dann knapp 1.800,00 EUR.

Die Kosten variieren dabei je nach Seitenlänge, je nach Lektorat und je nach Aufwand in Bezug auf das Design des Buchcovers. Auch in dem Bereich des Marketings müssen Sie entscheiden, wie viel Werbung Sie auf welchem Wege betreiben möchten. Auch auf ein Schreibprogramm können Sie verzichten, indem Sie z. B. auf kostenfreie Programme wie Word zurückgreifen. Im Gegenzug müssen aber auch noch die kleinen Kosten der ISBN herangezogen werden. Es handelt sich hierbei um eine grobe Kalkulation. Genauere und auf Sie angepasste Zahlen können Sie auch online mit einer Buchkalkulation ermitteln. Und so können Sie vorab einen Preis bestimmen, zu dem Ihr Buch auf dem Markt zukünftig gehandelt werden soll.

Zurück zu unserem Beispiel. Wir kalkulieren weiter mit den 1.800,00 EUR. Zugrunde legen wir eine Tantieme in der Höhe von 30 Prozent. Damit ist die Gewinnbeteiligung gemeint, die das Druckunternehmen von Ihnen im Gegenzug verlangen wird.

Angenommen, Sie setzen auf dem Markt für Bücher einen Preis von 4,99 EUR pro Buch an. So verdienen Sie mit jedem Kauf 3,493 EUR. Um Ihre Kosten in Höhe von 1.800,00 EUR nun decken zu können, haben Sie mindestens 516 Exemplare zu verkaufen. Dies ist definitiv machbar. Wenn Sie mehr verkaufen oder einen höheren Preis bei einem gleichbleibenden Absatz ansetzen, dann profitieren Sie. Schließlich wollen Sie ja auch für den Zeitaufwand entgeltlich belohnt werden.

Hier noch ein kurzer Vermerk: Vergessen Sie nicht die Steuernummer! Da Sie mit Ihrem Buch Geld verdienen werden, ist eine Anmeldung der Tätigkeit bei dem Finanzamt erforderlich!

8.3.4 Self-Publishing vs. Verlag

Nach den beiden obigen Rechnungen wird mit einem Buchverlag deutlich früher ein Gewinn erzielt. Richtig? Nun, nicht so schnell. Auf den ersten Blick scheint es so, aber lassen Sie sich nicht täuschen. Bei dem Self-

Publishing können Sie Ihren Verkaufspreis beliebig in die Höhe setzen, sodass Sie den gleichen Gewinn wie mit einem Verlag erzielen können. Halten Sie den Preis weiterhin gering, so können Sie den Markt besser abschöpfen, da die Nachfrage mit einem sinkenden Preis steigt. Sie können mehr Produkte innerhalb kürzester Zeit absetzen. Somit könnten Sie neben eines höheren Absatzes auch noch einen höheren Gewinn bezwecken. Und der steigende Absatz kommt Ihnen gewiss entgegen, wenn Sie darauf abzielen, einen Bestseller zu publizieren. Im Gegenzug sind Sie aber auf das volle Risiko angesetzt. Hier eine genaue Übersicht über die Vor- und Nachteile.

Wir beginnen mit dem Buchverlag:

Vorteile:	Nachteile:
-> Professionelles Marketing	-> Kreativitätseinschränkungen
-> Professioneller Vertrieb	-> Abgabe von Rechten
-> Professionelle Beratung	-> Geringeres Honorar
-> Viel Unterstützung	-> Limitierte Auflagen
-> Hohe Reichweite und gute Leserbindung	-> Häufige Absagen auf das Manuskript
-> Gutes Image	-> Lange Dauer zur Veröffentlichung

Abbildung 6: Vor- und Nachteile Verlag.

Es folgt das Self-Publishing:

Vorteile:	Nachteile:
-> Keine Wartezeiten	-> Hohes finanzielles Risiko
-> Kreative Freiheit und Flexibilität	-> Hohe Kosten

-> Absolute Kontrolle und Rechte	-> Kein Vorschuss
-> Hohes Honorar	-> Arbeit wegen zusätzlicher Aufgaben
-> Unbegrenzte Auflagen	-> Kaum Chance auf Buchhandlungen
-> Veröffentlichung jederzeit	-> Negatives Stigma (unbekannt)

Abbildung 7: Vor- und Nachteile Self-Publishing.

Treffen Sie für sich selbst eine Entscheidung, welche Variante Ihnen mehr zusagt. Beide Möglichkeiten der Veröffentlichung haben ihre Vorzüge. Hören Sie einfach auf Ihr Bauchgefühl.

8.4 DIE SOZIALEN MEDIEN

Zu den sozialen Medien gehört die Anwendung bekannter sozialer Netzwerke wie Facebook, Instagram, Snapchat oder sogar LinkedIn. Warum diese so wichtig sind? Die Bedeutung wird klar, wenn wir uns anschauen, worüber gerade junge, aber auch Menschen im mittleren Alter reden. Dann sind es oft Promis, Politiker oder diverse andere Berühmtheiten, die irgendwo wieder etwas gepostet haben, was für Schlagzeilen sorgte. Jeder hat heutzutage ein Smartphone und jeder Zweite davon nutzt soziale Netzwerke.

Sie könnten sich wahrscheinlich keinen größeren Markt für die Neukundengewinnung für Ihr Buch vorstellen als die Verwendung der sozialen Medien. Doch so leicht sich diese Marketingmethode auch anhört, sie birgt vor allem Schattenseiten. Denn auch hier gilt die DSGVO. Und nicht nur das: Sie müssen Ihre Werbung wirklich gut betreiben, sonst sieht Sie keiner bei den ganzen Anbietern da draußen. Sie müssen wissen, dass Sie es hier mit einer großen Menge an Konkurrenten aufnehmen.

Wenn Sie sich für eine Plattform entscheiden, haben Sie unterschiedliche Aspekte zu berücksichtigen. Wie groß ist die Reichweite? Wie aktiv sind die Besucher? Wie viele neue Kontakte werden gewonnen? Wie viel Prozent der Besucher könnten zu potentiellen Kunden werden? Schauen wir uns doch mal Facebook genauer an. Mit seinen 2 Milliarden Nutzern ist dies das größte soziale Netzwerk der Welt und hält die passende Infrastruktur parat. Mit etwas Geld können Sie Beiträge zu Ihren Büchern oder Veranstaltungen bewerben.

Hierbei grenzen Sie das Pushen des Beitrags durch eine gezielte Zielgruppenfreischaltung ganz nach vorne. Bei diesen Zielgruppen treffen Sie schließlich mit Ihrem Konzept auf einen wunden Punkt, wenn diese die Lösung für ihr Problem ganz oben bei Facebook angezeigt bekommen. Facebook hat darüber hinaus die Möglichkeit, direkt Werbung zu schalten. Diese ist aber erheblich teurer und verlangt eine überaus plattformkonforme und audiovisuelle Unterstützung durch Multimedia-Inhalte.

Dabei gilt aber auch hier der gleiche Grundsatz wir für alle Funnel Marketing Bereiche: Fallen Sie nicht mit der Tür ins Haus, sondern hören Sie Ihrem Kunden aktiv, wenn nicht sogar spielerisch, zu. Bei Facebook müssen Sie Ihrer Zielgruppe einen sogenannten Mehrwert liefern. Bauen Sie zunächst ein Verhältnis zu Ihren warmen Zielgruppen auf. Hierzu achten Sie besonders auf die Besucher Ihres Blogs, Personen, welche mit Ihren Inhalten interagieren (Likes, Kommentare etc.) oder Personen, die Ihre Werbung sehen. Dann konvertieren Sie Ihre Energie in wahres Geld um, indem Sie bei Facebook die Interessenten in Kunden verwandeln. Dazu dienen z. B. integrierte Produktanzeigen, Lead-Anzeigen, Event-Anzeigen, Dynamic-Product-Anzeigen und Anzeigen zu Applikationen.

Im Anschluss an Ihre bisherigen Teilfunnels müssen Sie dem Kunden Vertrauen und Treue schenken. Das ist deshalb besonders wichtig, weil Sie bestehenden Kunden einfacher neue Produkte verkaufen können, als Neukunden zu gewinnen.

Es ist nicht ausgeschlossen, dass Sie auf Kritik stoßen. Wie Sie hiermit umzugehen haben, das wird im nachfolgenden Kapitel „8.4.1 Der Umgang mit Kritik“ behandelt.

8.4.1 Der Umgang mit Kritik

Jedem Autor muss bewusst sein, dass er in dem Zuge einer Buchveröffentlichung mit einer Variante der Zensur konfrontiert werden kann. Diese kann sowohl positiv als auch negativ ausfallen. Schließlich leben die sozialen Medien von dem Austausch und der Auseinandersetzung auf einer kommunikativen Ebene. Freuen Sie sich über die positiven Rückmeldungen und nutzen Sie diese als Motivation für das Schreiben eines weiteren Werkes.

Aber auch mit negativen Rückmeldungen werden Sie sich auseinandersetzen müssen. Wie werden Sie handeln? Werden Sie diese Kommentare ignorieren, verbergen oder löschen? Ihre Entscheidung sollte gut überlegt sein.

Das Löschen der Beiträge ist nur in sehr seltenen Fällen empfehlenswert, und zwar dann, wenn es zu schweren Beleidigungen oder zu rechtsbedenklichen Aussagen kommt. Bedenken Sie, dass die Besucher sehen können, dass ein ursprünglicher Kommentar von Ihnen gelöscht wurde. Weitere negative Reaktionen können folgen. Aus diesem Grund ist diese Vorgehensweise nur in Ausnahmen sinnvoll. Daneben besteht die Möglichkeit, bestimmte Kommentare zu verbergen.

Der Unterschied besteht darin, dass der Autor des Beitrags nicht sehen kann, dass der Kommentar verborgen ist. Für ihn ist der Kommentar weiterhin ersichtlich. Lediglich die anderen Benutzer des sozialen Mediums sehen den verborgenen Inhalt nicht, sodass weitere Reaktionen ausbleiben. Aber auch für diese Variante sollten Sie sich nur entscheiden, wenn eine Basis für Kritik ausgeschlossen ist. Die dritte Möglichkeit, die sich bietet, ist das Ignorieren negativer Kommentare. Diese Variante ist am einfachsten umzusetzen und macht Sinn, wenn zuvor bereits viele positive oder neutrale Rückmeldungen eingegangen sind. Andernfalls könnten unentschlossene Benutzer von der Empörung beeinflusst werden. Hinzu kommt, dass der Autor des Beitrags weitere Beiträge verfassen könnte, wenn er sich ignoriert fühlt.

Aber Sie können die Kritik auch annehmen und entsprechend handeln. Wir alle wünschen uns Respekt und Wertschätzung. Und darum sollten Sie sich als Autor eines Buches bemühen. Denn oft steckt hinter der überwiegenden Menge der negativen Kommentare auch ein Funke Wahrheit. Und genau dieser Aspekt könnte dazu beitragen, dass Sie sich weiterentwickeln. Die Kritik sollten Sie sich nicht zu Herzen nehmen. Nutzen Sie diese stattdessen als neue Inspirationsquelle.

Der Leser hatte Erwartungen an das Buch, die nicht erfüllt wurden und gibt Ihnen gratis ein Feedback. Zeigen Sie, dass Sie die Reflexion ernst nehmen. Sie können sich auch bedanken und darauf verweisen, dass Sie die Information weiterbearbeiten werden. Machen Sie allerdings keine Versprechen, die Sie nicht halten werden oder können. Lassen Sie sich für eine ruhige und sachliche Antwort Zeit. Die Kommunikation kann auch online erfolgen, dann sehen die weiteren Nutzer der sozialen Plattform, dass Sie aktiv wurden.

9. Fazit

9.1 JEDER MUSS FÜR SICH SELBST ENTSCHEIDEN, WAS DAS RICHTIGE IST

Auf den letzten Seiten haben Sie einiges dazugelernt. An dieser Stelle ermögliche ich Ihnen einen kurzen und zusammengefassten Überblick, um Sie an das Wesentliche zu erinnern.

Um auf der sicheren Seite zu sein, sollten Sie von dem Schreiben überzeugt sein. Ein Buch schreiben, kann jeder. Aber wie sieht es mit der Buchidee aus? Ist diese so gut, dass es tatsächlich für einen Bestseller reicht? Hierzu haben Sie einige kreative Möglichkeiten kennengelernt, um Ideen zu finden und zu konkretisieren, um im Anschluss herauszufinden, ob Ihre Idee ein ausreichendes Potential aufweist.

Kommen wir zurück auf die Zeitplanung. Ich habe Ihnen nahegelegt, einen Terminkalender anzuschaffen. Zudem haben Sie gelernt, Ihre Motivation mithilfe einer ordentlichen Zeitstrukturierung auf Vordermann zu bringen und zusätzlich Schreibblockaden zu vermeiden. Sie erinnern sich gewiss. Setzen Sie sich regelmäßig an Ihr Projekt und konzentrieren Sie sich allein auf das Schreiben. Legen Sie Schreibpausen ein und lassen Sie sich von dem Umfeld inspirieren. Und sollte mal eine Schreibblockade eintreten, machen Sie sich keine Sorgen. Entspannen Sie sich und vertreiben Sie den Druck, der auf Ihnen ruht. Oder Sie setzen sich alternativ an ein zweites Werk und lassen sich hier von Ihren Gedanken treiben.

Wenn es um die richtige Wahl der Tools geht, konnte ich Sie auch an die Hand nehmen. Ich habe Ihnen für den unterschiedlichen Gebrauch Programme vorgestellt, die Sie nutzen können. Zudem sind wir näher auf die Normen und Richtlinien eingegangen, wenn es um die Professionalität geht.

Sie haben gesehen, wieso man zwischen fiktionalen und nicht fiktionalen Büchern unterscheidet und die relevanten Aspekte in Kenntnis gebracht. Je nachdem, auf welches Genre Sie sich festgelegt haben, hier haben Sie die entsprechenden Informationen erhalten. Von dem Titel über den Aufbau des Plots bis hin zu dem Verdienst – alles war dabei. Darüber hinaus konnten Sie in Bezug auf Recherchen mit Keywords und im Zusammenhang mit dem Schreiben von hilfreichen Tipps profitieren. Auch der Ghostwriter wurde vorgestellt. Hier erhalten Sie Aufträge, die Sie im Austausch von Geld für den Auftragsschreiber schreiben.

Und was war noch? Verglichen wurden zwei Varianten der Veröffentlichung. Der Verlag wurde dem Self-Publishing gegenübergestellt. Wie Sie den richtigen Verlag finden und das entsprechende Marketing für Ihr Buch einrichten, mit all dem wurden Sie bedient. Was haben Sie noch lernen können? Wir sind auf den Verdienst und die anfallenden Kosten eingegangen. Und das Ergebnis war eindeutig: Das Schreiben eines Buches lohnt sich allemal, unabhängig davon, für welchen Weg der Veröffentlichung Sie sich auch entscheiden sollten. Das bestätigen die durchgeführten Kalkulationen. Also fangen Sie jetzt an! Nichts spricht mehr dagegen.

Um die Sache rund abzuschließen, sind wir am Ende nochmal kurz auf die sozialen Medien eingegangen. Wegen des technischen Wandels gehören diese zu dem Alltag dazu. Hier werden Bücher empfohlen und kritisiert. Es dient dem Austausch. Doch wie haben Sie mit der Kritik umzugehen? Nun, wie beschrieben, sollten Sie sich diese nicht zu Herzen nehmen. Nutzen Sie diese stattdessen als neue Inspirationsquelle.

Letzten Endes konnten Sie sich jetzt aus einem Topf voll von Inspirationen und Informationen bedienen und nun können Sie mit dem Schreiben beginnen. Worauf warten Sie noch? Ran an die Stifte!

9.2 EMPFEHLUNG

Meine Empfehlung ist, gehen Sie nach dem Lesen dieses Buches erst mal an die frische Luft und atmen Sie tief durch. Nehmen Sie die Arbeit an Ihrem Buch im Anschluss wieder auf und schauen ins Glossar (Kapitel 10). Hier erkläre ich Ihnen noch einmal die wesentlichen Begriffe, die Sie in diesem Buch gelesen haben. Ihr Unterbewusstsein und Ihr Langzeitgedächtnis werden sich dazuschalten und Sie werden staunen, wie viel noch hängengeblieben ist. Gehen Sie nun Ihr erstes Buch an. Es wird immer wieder Schnittstellen mit meinen Ausführungen geben. Docken Sie einfach an dieser Stelle wieder an meinen Text an. Ich nehme Sie an die Hand und wir schreiben gemeinsam. Bedenken Sie, man schreibt nie allein. Ein kleiner Geist sitzt immer im Köpfchen und möchte Sie von der Arbeit abhalten.

9.3 HINWEIS

Vorsicht! Gehen Sie nicht davon aus, dass Sie nach diesem Kurs ohne Probleme das Schreiben eines Buches beherrschen. Selbst der erfahrenste Autor tätigt so eine Aussage nicht. Wir lernen jeden Tag aufs Neue dazu und geben unser Wissen an unsere Kollegen und Kolleginnen weiter. Das Schreiben lebt von dem Austausch und es braucht seine Zeit, bis ein Werk bereit für die Veröffentlichung ist. Als Hilfestellung bietet es sich an, wenn Sie sich eine individuelle To-do-Liste erstellen, die die Struktur sowie die wesentlichen Punkte eines potentiellen Buches enthalten. Darunter können z. B. die Buchidee, der Titel und der rote Faden fallen. Dieser Weg kann Ihnen unter die Arme greifen. Zudem können Sie sich gerne mein Buch immer an Ihre Seite legen und darauf zurückgreifen.

Hier noch ein kurzer Vermerk: Vergessen Sie nicht die Steuernummer! Da Sie mit Ihrem Buch Geld verdienen werden, ist eine Anmeldung der Tätigkeit bei dem Finanzamt erforderlich!

Gehen Sie nun mit breiter Brust aus diesem Ratgeber heraus! Haben Sie keine Scheu, mit Fachleuten zu diskutieren und setzen Sie erst gar niemals Scheuklappen auf, bei Möglichkeiten, sich noch tiefer weiterzubilden. Dies war ein Einstieg in eine Welt, die Ihnen womöglich Zugang zu ganz neuen Pforten eröffnet. Nun müssen Sie ja nicht alles verstanden haben, was in diesem Ratgeber behandelt wurde. Ich habe Ihnen hierfür ein Glossar vorbereitet, um die wesentlichsten Begriffe zu wiederholen oder stur nachzuschlagen.

9.4 SCHLUSSWORT

An dieser Stelle möchte ich mich erst einmal bedanken, dass Sie das Buch gekauft und gelesen haben. Ich hoffe, dass Sie einen guten Einblick in das Schreiben von Büchern sowie über die Veröffentlichung erlangen konnten. Sie haben viele kleine Anhaltspunkte zum Aufbau und Inhalt in Erfahrung gebracht. Ich kann Ihnen nur ans Herz legen, Ihre mit diesem Buch erlernten Fähigkeiten in die Tat umzusetzen. Nutzen Sie Ihr Wissen und maximieren Sie Ihr Schreibniveau. Kombinieren Sie einfach die verschiedenen Schreibstile mit den unzähligen Genres und mutieren Sie in Zukunft mit System zu einem Bestseller. Keine Angst vor dem Schreiben! Sie werden definitiv begeistert sein.

10. Glossar

Hier finden Sie eine alphabetische Auflistung, in der die Fachbegriffe aus dem Buch nochmal einfach aufgelistet und definiert werden.

Autorenvita: Einige Verlage und Agenten werden von Ihnen eine sogenannte Autorenvita verlangen. Der Umfang liegt hier bei fünf bis zehn Sätzen. Geeignete Vorlagen hierzu finden Sie dazu in fast jedem Buch. Im Kurzen geht es um Sie als Person. Es dient dazu, dass sich die Leser ein Bild von Ihnen machen können. Hierzu geben Sie Daten und Informationen raus wie z. B. Alter, Geburtsort, Wohnort, Ausbildung, Studium, berufliche Laufbahn, persönliches Umfeld (u. a. Familienstatus), Beweggründe für das Schreiben, die Entstehung der Buchidee, wesentliche Erfahrungen für das Buch, weitere Veröffentlichungen uvm. Gewinnen Sie hierbei die Sympathie und hinterlassen Sie bei Ihrer Leserschaft einen positiven Eindruck.

Bestseller: Ein Buch, welches sich überdurchschnittlich gut verkauft, wird als Bestseller bezeichnet. Die Spiegel-Bestseller beziehen sich dabei auf die Genres Belletristik und Sachbuch. Dabei liegt die Verkaufsrate meist bei über 10.000 Büchern. Die Abfrage erfolgt wöchentlich. Die Verkaufsstellen erhoffen sich bei diesen Zahlen einen höheren Umsatz, sodass sie diese Werke vermehrt dem potentiellen Leser vorführen. Die Bestseller werden mit einem roten Aufkleber versehen.

Erzählperspektive: Mit der Erzählperspektive ist die Position gemeint, die Sie als Autor zu Ihren Figuren einnehmen. Unterschieden wird zwischen dem auktorialen Erzähler, dem personalen Erzähler, dem neutralen Erzähler und dem Ich-Erzähler. Mehr dazu finden Sie im Kapitel „4.3.1 Klassische Erzählperspektiven".

Exposé: Ein Exposé ist eine vorausschauende Inhaltsangabe von einem literarischen Werk und stellt die Grundidee sowie den groben Verlauf der Handlung vor. Diese Angabe des Inhalts geht meist nur über einige Seiten und enthält keine Dialoge und Einzelheiten. Die Hauptfiguren werden skizziert und die thematische Grundlinie wird wiedergegeben. Im Verlagswesen spielt das Exposé eine große und entscheidende Rolle, denn anhand dieser Unterlagen wird entschieden, ob das Buch in die Planung mit aufgenommen werden soll.

E-Book: Dies ist eine Bezeichnung für ein elektronisches Buch. Es kann mit jedem elektronischen Gerät gelesen werden. Immer mehr Bücher erscheinen nicht nur als Druckausgabe, sondern zusätzlich auch noch als E-Book. Die Gründe sind vielseitig. Neben dem technischen Wandel kann man das Buch hier multimedial aufbereiten und so zu einem erweiterten und angereicherten Buch entwickeln. Die Grundfunktionen eines Buches können dabei bestehen bleiben. Besonders beliebt ist das E-Book, weil gleichzeitig mehrere Bücher verfügbar sind und deutlich an Platz und Kosten gespart wird. Auch erweiterte Funktionalitäten wie Lesegröße, Audios und Notizen werden mithilfe der zusätzlichen Software geschaffen.

Fiktional: Bei den fiktiven bzw. fiktionalen Büchern handelt es sich um imaginäre, ausgedachte Bücher. D. h., dass die Geschichten in Wirklichkeit nicht existieren. Es gibt keinen Beweis in Bezug auf die Wahrheit und keinen Bezug zu der realen Welt. Deren Existenz beruht lediglich darauf, dass sie als echtes Buch vorliegen. Dem gegenüber steht die nicht fiktionale Literatur. Diese beruht auf wahren Begebenheiten. D. h., dass ein Bezug zu der Realität vorliegt. Wichtig ist, dass die jeweilige Literatur gut recherchiert und ausgearbeitet ist. Der Inhalt muss korrekt und auf dem neusten Stand gebracht werden. Dem Leser sollen weder Unsinn noch Falschaussagen präsentiert werden.

Funnel Marketing: Bei dem Funnel Marketing geht es darum, aus einer Menge Besucher der sozialen Medien die Interessenten für Ihr Produkt, in diesem Fall für Ihr Buch, herauszufiltern. Diese potentiellen Kunden sollen bis zu dem Kaufabschluss gebracht werden. Hierbei wird immer gezielter auf eine Personengruppe eingegangen – ausgehend von der gesamten Besucherzahl der sozialen Plattform. Am Ende können Sie mit den gesammelten Informationen direkt auf die Einzelperson zugehen und diese zu dem Kauf bewegen.

Genre: Jedes Buch hat eine ganz persönliche Besonderheit und individuelle Konventionen, an denen man die Zugehörigkeit eines Exemplars erkennt. Bei dieser Zugehörigkeit spricht man auch von dem sogenannten Genre. Entscheidende Aspekte sind die Geschichte, das Setting und die Charaktere aus dem Buch. Dem Leser soll dabei ermöglicht werden, dass er oder sie schneller zu einem Buch findet, welches sein oder ihr Interesse weckt. Die Genres können auch auf Musik, Filme und Serien angewendet werden.

Ghostwriter: Wenn Sie gerne Bücher schreiben, das Geld dazu aber zeitnah brauchen, bietet sich Ihnen der Job als Ghostwriter, auch Auftragsschreiber genannt, an. Hier erhalten Sie für Ihre Tätigkeit als Autor schnell Ihr Geld, jedoch verzichten Sie im Anschluss auf die Verwertungsrechte Ihres Buches. Wer also eine öffentliche Anerkennung gewinnen möchte, ist hier falsch. Dann haben Sie als Autor zu fungieren.

Honorar: Bei dem Honorar kann es auf der einen Seite um eine Bezahlung gehen, die Angehörige der freien Berufe wie z. B. Ärzte, Rechtsanwälte und Schriftsteller für eine einzelne Leistung erhalten. Auf der anderen Seite erhalten Mitarbeiter einer nebenberuflichen Tätigkeit z. B. durch einen Werkvertrag eine Vergütung in Form eines Honorars. Es handelt sich somit also um eine direkte Auftragnehmervergütung von Leistungen. Das Honorar kann dabei fest vereinbart oder aber auch erfolgsbezogen angewendet werden.

Hype-Zyklus: Der Verlauf des Hype-Zyklus ist bei jedem Buch ähnlich. Dieser beschreibt die Aufmerksamkeit, die Ihrem Buch von dem Projektbeginn bis hin zu der Produktivität gewidmet wird und kann grafisch dargestellt werden (vgl. Kapitel „7.1 Das Grundlegende").

ISBN: Die „Internationale Standard Buch Nummer" (kurz: ISBN) identifiziert Ihr Buch mit einer einmaligen 13-stelligen Ziffer und dient der Produkterkennung. Details sind dem Kapitel „8.3.2 Die Beantragung der ISBN" zu entnehmen.

Lektorat: Ein Lektorat bzw. Korrektorat ist auf Textkorrekturen spezialisiert. Geprüft werden dabei Ihr Buch, das Manuskript oder auch das Publikationsmarketing gegen die Zahlung eines Honorars.

Manuskript: Der Begriff stammt aus dem Lateinischen und bedeutet so viel wie „von Hand Geschriebenes". Hierunter fallen laut den Bibliothekwissenschaftlern alle Texte und Werke, welche handschriftlich verfasst wurden. Heute erfolgt die Erstellung häufiger in elektronisch erstellter Form. Dabei sind bestimmte Formatvorlagen einzuhalten, um den Lektoren einiges an Arbeit zu ersparen. Der Beitrag der Rohverfassung bei der Einsendung dient später dem Verlag als Vorlage für die Vervielfältigung. Es ist empfehlenswert, dass Sie das Skript erst nach Aufforderung dem Verlag zusenden. Aufgrund der hohen Anzahl an Skripten, die täglich bei dem Verlag eingehen, wird Ihr Buch mit einer höheren Wahrscheinlichkeit behandelt, wenn Sie es ohne zusätzliche Dokumente abgeben.

Norm: Für die Veröffentlichung eines Buches ist die Einhaltung verschiedener Normen zu empfehlen. Diese beziehen sich auf das Format, die Seitenränder, den Zeilenabstand, die Schrift, die Schriftgröße, die Worttrennung etc. und erleichtern dem Lektor die Arbeit mit Ihrem Manuskript.

Plagiat: Zu einem bestimmten Thema hat jeder Mensch seine eigenen Gedanken. Werden diese niedergeschrieben, so handelt es sich folglich um ein niedergeschriebenes geistiges Eigentum, welches unter dem Urheberrecht steht. Bei einem Diebstahl eines geistigen Eigentums spricht man von einem Plagiat. Dabei werden Werke unrechtmäßig nachgeahmt oder sogar veröffentlicht.

Plot: Der Plot ist der Handlungsablauf und somit das Gerüst Ihres Buches. Eine gute Handlung umfasst viele Konflikte und mitreißende Figuren voller Emotionen und Wünsche. Am Ende müssen die Ereignisse miteinander verknüpft sein, die Geschichte hat stimmig zu sein und es muss ein roter Faden existieren.

Prämisse: Dieses Werkzeug stellt die Kernaussage Ihres Buches in einem moralischen Satz fest. Was genau wollen Sie dem Leser aneignen? Dass die Liebe alle Hindernisse überwindet oder dass Übermut gefährlich ist? Seien Sie kreativ.

Protagonist: In dem Bereich des kreativen Schreibens ist der Protagonist die Hauptfigur. Dieser will unbedingt etwas bezwecken oder vermeiden. Das Gelingen beeinflusst die Spannung und ist ausschlaggebend für eine lebendige Handlung und für das Vergnügen der Leser. Der Gegenspieler ist der Antagonist, welcher die Zielerreichung des Protagonisten unbedingt verhindern möchte. Dieser darf unter keinen Umständen schwächer ausfallen als die Hauptfigur, um die Spannung zu gewährleisten. In einem Idealfall stehen beide Charaktere auf Augenhöhe. Geschickte Autoren geben diesem Gegenspieler darüber hinaus Pluspunkte. So bleibt die Spannung bis zu der letzten Seite erhalten. Sind Sie sich sicher, dass die Geschichte in solch einem Fall mit einem glücklichen Ende beendet wird? Sorgen Sie dafür, dass der Leser das Buch nicht vor dem vollständigen Lesen weglegt.

Provision: Diese Form der Vergütung wird regelmäßig in Prozenten einer bestimmten Wertgröße (wie z. B. von dem Umsatz) berechnet und das auch für geleistete Dienste. Somit handelt es sich um eine finanzielle Beteiligung an einem Geschäft, welches von dem Vermittler vermittelt wurde. Die Höhe des Prozentsatzes wird dabei zwischen dem Vermittler und dem Auftraggeber individuell ausgehandelt bzw. vereinbart.

Push-up: Dies sind spezielle Nachrichten bzw. Meldungen, die direkt auf Ihrem Gerät angezeigt werden. Sie haben also keine spezielle Anwendung zu öffnen, um z. B. bei dem Terminkalender (vgl. Kapitel „4.2.3 Der Terminkalender") einen Überblick über die aktuell anstehenden Termine zu erhalten. Auch bei anderen Anwendungen sind Push-up Nachrichten realisierbar. So erhalten Sie eine Benachrichtigung bei neuen E-Mails oder über aktuelle News. Dabei können Sie einstellen, welche Nachrichten erwünscht sind und welche nicht.

Schneeflocken-Methode: Die Schneeflocken-Methode richtet sich speziell an die Autoren und wurde schon oft erfolgreich bei dem Schreiben von Büchern angewandt. Dieses Verfahren basiert jedoch auf konkreten Ideen. Bei einer Buchidee mit festen Grundzügen sollten Sie sich diese Methode auf jeden Fall genauer ansehen. Es hilft Ihnen, eine komplexe Struktur zu entwickeln und die Figuren Ihres Buches genauer kennenzulernen. Die Methode wird dabei in fünf Schritten unterteilt, die Sie im Kapitel „4.2.2 Die Umsetzung der Buchidee mit der Schneeflocken-Methode" nachlesen können.

Schreibblockade: Hierbei handelt es sich um einen kleinen Geist, der Sie von dem Schreiben abhält und Sie möglicherweise mit einer unzähligen Auflistung an möglichen Tätigkeiten verführen möchte. Besonders Erstautoren haben mit dieser Macht zu kämpfen, während ein erfahrener Autor vermehrt Probleme bei dem Weiterschreiben hat. Entweder ist etwas nicht stimmig oder es sind mehr Recherchen notwendig.

Auch der Perfektionismus sowie der Anspruch an Ihren eigenen Text sind ein Aspekt der Schreibblockade. Dabei handelt es sich grundsätzlich um einen unbewussten Verursacher, der zu bewältigen ist. Im Kapitel „5.4.1 Zur Überwindung von Schreibblockaden“ finden Sie ein paar hilfreiche Tipps aufgelistet, die in der Praxis gut anzuwenden sind.

Schreibstil: Diese Begrifflichkeit ist schon seit dem 15. Jahrhundert in Deutschland bekannt. Es geht dabei um die Art, wie Ihre Handlung aufgeschrieben wurde. Und um die Erscheinungsform Ihres Werkes. Denn am Ende ist es dem Leser nicht wichtig, wie Ihr Text dargestellt wurde und ob er am Computer oder per Hand festgehalten wurde. Am Ende kommt es ganz allein auf den fertigen Text an. Hinzuzufügen ist, dass jeder Schreibstil einzigartig ist. Erreichen Sie die Leser mit Ihrem eigenen Stil und Sie werden erfolgreich sein.

Self-Publishing: Das Self-Publishing, auch bekannt als Selbst- oder Eigenverlag, meint die Veröffentlichung eines reproduzierbaren Werks durch den jeweiligen Autor selbst. Dieser wird dann zu dem Selbstverleger (Self-Publisher). Im weiteren Sinne bezeichnet der Begriff die Selbstfinanzierung einer Selbstpublikation. So hat der Selbstverleger die Kosten, z. B. in dem Zusammenhang mit der Druckerei, selbst vorzulegen. Auch ein Lektorat muss selbst beschaffen werden und die Öffentlichkeitsarbeit selbst durchgeführt werden. Im Gegenzug sind keine Rechte abzugeben.

Terminkalender: Ein Terminkalender zeigt Ihnen, wann was ansteht. Er wird zu Ihrem Kompass im täglichen Leben. Sie können ihn für Ihren Alltag verwenden und so auch Zeit für das Schreiben einplanen. Die unterschiedlichen Arten der Terminkalender unterscheiden sich meistens in dem Design, den Einstellungs- und Synchronisationsmöglichkeiten und der Zielgruppe. Mehr hierzu im Kapitel „4.2.3 Der Terminkalender“.

Tool: Verschiedene Programme helfen Ihnen dabei, ein Buch zu schreiben. Egal, ob Sie Ideen sammeln möchten oder direkt mit dem Schreiben einsteigen – für jede Aktion gibt es ein passendes Tool.

Trend: Die Trends werden vielmehr als zackige Bewegung charakterisiert, die aufeinanderfolgenden Wellen ähneln. Die Richtung, in der sich die Linie bewegt, zeigt den Trend des Marktes. Unterschieden wird zwischen den Trendrichtungen aufwärts, abwärts und seitwärts. Zudem sind Hoch- und Tiefpunkte vorprogrammiert. Das Trendbarometer gibt Ihnen die Möglichkeit, die tatsächliche Breite an das Interesse eines bestimmten Themas abzuschätzen.

Urheberrecht: Der Urheber ist laut des Gesetzes über Urheberrecht und verwandte Schutzrechte der Schöpfer des Werkes (§ 7 UrhG). Dieses entsteht von allein und braucht weder einer Ernennung noch eine vertragliche Einigung. Seine Rechte, das sogenannte Urheberrecht, basiert auf das Verwertungsrechte, das Veröffentlichungsrecht, das Recht auf Anerkennung der Urheberschaft und das Recht, eine Entstellung des Werkes zu untersagen. Dabei werden Ihre Plagiate und auch amtliche Werke davon eingeschränkt. Wird das von Ihnen geschaffte Werk nun ungefragt von Dritten kopiert und genutzt, wird das Urheberrecht verletzt und Sie können verschiedene Ansprüche erheben. Hierunter fallen u. a. die Beseitigung, die Unterlassung, ein Schadensersatz, die Vernichtung, der Rückruf etc. Das Urheberrecht erlischt erst siebzig Jahre nach dem Tod des Schöpfers. Die möglichen Verjährungen der Ansprüche richten sich nach den Regeln des BGB (= Bürgerliches Gesetzbuch).

Verlag: Grob zusammengefasst erwirbt ein Verlag Manuskripte, um hieraus ein Druck-Erzeugnis herzustellen und um diese an den Buchhandel zu verkaufen. Hier entsteht also ein Buch aus den hand-, maschinen- oder computergeschriebenen Seiten. Zudem werden die Übertragungen der Rechte über Verträge mit den Autoren ausgehandelt. In der Regel erwirbt der Verlag dabei ausschließlich das Nutzungsrecht an dem Buch des Autors. Im Gegenzug sorgt er für die Herstellung, den Druck und die Finanzierung. Außerdem kümmert sich der Verlag um die Werbung sowie um den Vertrieb.

Verwaltung: Zu dem Datenmanagement gehört das Erfassen, Verarbeiten, Verwalten, Archivieren und Ausgeben von Daten. Die Verwaltung bezieht sich dabei konkret auf den Aufbau und die Pflege von Datenbeständen. Neben dieser Organisation ist auch die Speicherung ein weiterer Aspekt der Datenverwaltung. Dieser ganze Prozess läuft dabei in der Regel innerhalb des jeweiligen Betriebssystems oder in einer Datenbank als Software ab, sodass Sie davon vermutlich nichts mitbekommen werden.

Webmaster: Die sogenannten Webmaster befassen sich mit der Betreuung einer Website. Konkret kümmern sie sich von der Planung über die Gestaltung, Entwicklung, Wartung und Vermarktung bis hin zur Administration (= Verwaltung). Dabei kann es sich sowohl um Webseiten als auch um Anwendungen in dem Internet oder um Anwendungen in dem Intranet einer Organisation handeln. Sie sind der erste Ansprechpartner bei technischen Problemen, Fragen und Anregungen. Dabei geht es grundsätzlich um eine zuständige Person. Bei größeren Projekten können die Aufgaben auch von einer gesamten Abteilung übernommen werden. Die Kontaktdaten finden Sie häufig auf der Startseite oder unter dem Register „Kontakt".

11. Literaturverzeichnis

[1] Seite: Ein Buch schreiben in 7 Schritten. URL: www.mentorium.de, (Abgerufen am 13.01.2021).

[2] Seite: „Über die Bedeutung des Buches in der digitalen Zeit". In: Welt der Kommunikation. URL: blog.stp.de, (Abgerufen am 18.01.2021).

[3] Seite: „Zur Bedeutung von Büchern: Ich glaube, dass das Buch ein Gegenstand für Liebhaber wird". In: Deutschlandfunk Kultur. URL: www.deutschlandfunkkultur.de, (Abgerufen am 18.01.2021).

[4] Seite: „Die Schneeflocken-Methode für Autoren – Schritte 1 bis 5". In: Ein Buch schreiben. Dein Traum verwirklichen. URL: ein-buch-schreiben.com, (Abgerufen am 14.01.2021).

[5] Seite: „Plagiate". In: Studium Ratgeber. URL: www.studium-ratgeber.de, (Abgerufen am 18.01.2021).

[6] Seite: „Manuskript einreichen". In: tredition. URL: tredition.de, (Abgerufen am 19.01.2021).

[7] Seite: „Checkliste für gute Plots". In: Die Schreibtrainerin. URL: www.die-schreibtrainerin.de, (Abgerufen am 20.01.2021).

[8] Seite: „E-Book? Nein danke!". In: Claudia Klinger. URL: Claudia-klinger.de, (Abgerufen am 20.01.2021).

[9] Seite: „eBook Download – eBooks auf dem Vormarsch". In: Leselupe ... dichter am Text. UR: www.leselupe.de, (Abgerufen am 20.01.2020).

[10] Seite: „Bücher Genre – Die verschiedensten Bücherkategorien". In: Nonsens Ente. URL: www.nonsensente.de, (Abgerufen am 20.01.2021).

[11] Seite „Spiegel-Bestseller-Logo wird lizenzpflichtig". In: Buchmarkt. Das Ideenmagazin für den Buchhandel. URL: buchmarkt.de, (Abgerufen am 21.01.2021).

[12] Seite „Hype-Zyklus“. In: Wikipedia. URL: de.wikipedia.org, (Abgerufen am 21.01.2021).

[13] Seite „Google Trends – Buch schreiben“. In: Google Trends. URL: trends.google.de, (Abgerufen am 25.01.2021).

[14] Jeannette Zeuner. Buch schreiben – mit System zum Bestseller: Erfolgsrezepte, kreative Tipps & Tools, wie du ein gutes Buch schreibst (Deutsch). © 2018 Jeannette Zeuner, Michael Kaindl. ISBN: 9781983205101. Verlag Syncron Edition.

[15] Adelino Kisito. Schreiben Sie Ihr eigenes Buch: Wie Sie Ihr eigenes Buch schreiben und veröffentlichen. ASIN: B08Q7KK79N.

[16] Seite: „Was ist ein Webmaster? Einfach erklärt“. In: Chip. URL: praxistipps.chip.de, (Abgerufen am 26.01.2021).

[17] Seite: „7 Tipps für einen guten Schreibstil“. In: Red Bug Culture. URL: www.redbug-culture.com, (Abgerufen am 28.01.2021).

[18] Seite: „Den passenden Buchverlag für mich finden“. In: Rediroma Verlag. URL: www.rediroma-verlag.de, (Abgerufen am 28.01.2021).

[19] Seite: „Datenverwaltung“. In: IT Wissen Info. URL: www.itwissen.info, (Abgerufen am 30.01.2021).

[20] Seite: „Lebendige Charaktere entwickeln – 5 Tipps für Autoren“. In: Ein Buch schreiben – Dein Traum wird Wirklichkeit. URL: ein-buch-schreiben.com, (Abgerufen am 01.02.2021).

[21] Seite: „Buch schreiben mit Spaß und Motivation - 8 wertvolle Tipps von Buchexpertin Isabella Kortz (Gastbeitrag)“. In: Epubli. URL: www.e-publi.de, (Abgerufen am 01.02.2021).

[22] Seite: „Buch strukturieren: Die besten Tipps“. In: Buchkodex. URL: www.buchkodex.de, (Abgerufen am 01.02.2021).

[23] Seite: „Was kostet mich eine Buchveröffentlichung im Selfpublishing?“. In: Schreibdschungel - Tipps für Autoren. URL: schreibdschungel.de, (Abgerufen am 02.02.2021).

[24] Seite: „Kosten einer Buchveröffentlichung“. In: Bookmundo. URL: www.bookmundo.de, (Abgerufen am 02.02.2021).

[25] Seite: „Ein Buch veröffentlichen: Verlag vs. Self-Publishing“. In: Nonsens Ente. URL: www.nonsenseente.de, (Abgerufen am 02.02.2021).

[26] Seite: „Diese 10 Fehler beim Schreiben musst du vermeiden!“. In: Schreiben und Leben. URL: schreiben-und-leben.de, (Abgerufen am 03.02.2021).

[27] Seite: „Verlag“. In: Wikipedia. URL: de.wikipedia.org, (Abgerufen am 03.02.2021).

[28] Seite: „Informationsblatt: Selbstverlag oder Eigenverlag“. In: Wirtschaftskammer Österreich Buch- & Medienwirtschaft. URL: www.wko.at, (Abgerufen am 03.02.2021).

[29] Seite: „Rechte des Urhebers“. In Urheberrecht-Ratgeber. URL: www.urheberrecht-ratgeber.de, (Abgerufen am 03.02.2021).

[20] Seite: „Über die Literaturagentur zum Verlag – Literaturagent als Vermittler“. In: Ein Buch schreiben – Dein Traum wird Wirklichkeit. URL: ein-buch-schreiben.com, (Abgerufen am 04.02.2021).

[21] Seite: „Show, don´t tell – Was steckt hinter der Schreib-Regel?“. In: Ein Buch schreiben – Dein Traum wird Wirklichkeit. URL: ein-buch-schreiben.com, (Abgerufen am 08.02.2021).

[22] Seite: „Kreatives Schreiben“. In: Buch schreiben. URL: www.buch-schreiben-kreativesschreiben.de, (Abgerufen am 08.02.2021).

12. Abbildungsverzeichnis

Wir danken Ihnen für Ihr Interesse und Ihr Vertrauen. Als Dankeschön dafür, haben wir eine besondere Überraschung. Wir haben exklusiv für Sie **exklusive Informationen zum Thema „Mit der richtigen Plotmethode zum Bestseller“.** Das Beste daran: Sie erhalten dies vollkommen kostenlos. Das klingt wunderbar? Dann warten Sie nicht lange und holen Sie sich Ihr Gratis-Geschenk.

Hier geht es zu Ihrem Gratis-Geschenk:

https://forms.gle/PNttxB2nzf2EPLdd7

1. **Öffnen Sie die Kamera-App auf Ihrem Smartphone und richten Sie die Kamera auf den QR-Code.**
2. **Klicken Sie auf den Link, der Ihnen angezeigt wird und schon werden Sie zur Website weitergeleitet.**

Impressum

Herausgeber: Orbita Media Verlag GmbH & Co. KG / Ericusspitze 4 / 20457 Hamburg
Kontakt: kontakt@empireofbooks.de
Website: https://empireofbooks.de
Coverbild: Shutterstock

Haftungsausschluss:
Die Nutzung dieses Buches und die Umsetzung der enthaltenen Informationen, Anleitungen und Strategien erfolgt auf eigenes Risiko. Der Autor kann für etwaige Schäden jeglicher Art aus keinem Rechtsgrund eine Haftung übernehmen. Haftungsansprüche gegen den Autor für Schäden materieller oder ideeller Art, die durch die Nutzung oder Nichtnutzung der Informationen bzw. durch die Nutzung fehlerhafter und/oder unvollständiger Informationen verursacht wurden, sind grundsätzlich ausgeschlossen. Rechts- und Schadenersatzansprüche sind daher ausgeschlossen. Dieses Werk wurde sorgfältig erarbeitet und niedergeschrieben. Der Autor übernimmt jedoch keinerlei Gewähr für die Aktualität, Vollständigkeit und Qualität der Informationen. Druckfehler und Falschinformationen können nicht vollständig ausgeschlossen werden. Es kann keine juristische Verantwortung sowie Haftung in irgendeiner Form für fehlerhafte Angaben vom Autor übernommen werden. Die bereitgestellten Analysen, Vorschläge, Ideen, Meinungen, Kommentare und Texte sind ausschließlich zur Information bestimmt und können ein individuelles Beratungsgespräch nicht ersetzen. Alle Informationen dieses Buches entsprechen dem Kenntnisstand zum Zeitpunkt des Verfassens dieses Buches. Eine Haftung für mittelbare und unmittelbare Folgen aus den Informationen dieses Buches ist somit ausgeschlossen.
Informieren Sie sich weitläufig aus unterschiedlichen Quellen und bedenken Sie, dass am Ende nur Sie für die Entscheidungen verantwortlich sind.

Haftung für externe Links:
Unser Angebot enthält Links zu externen Websites Dritter, auf deren Inhalte wir keinen Einfluss haben. Deshalb können wir für diese fremden Inhalte auch keine Gewähr übernehmen. Für die Inhalte der verlinkten Seiten ist stets der jeweilige Anbieter oder Betreiber der Seiten verantwortlich. Die verlinkten Seiten wurden zum Zeitpunkt der Verlinkung auf mögliche Rechtsverstöße überprüft. Rechtswidrige Inhalte waren zum Zeit-punkt der Verlinkung nicht erkennbar.